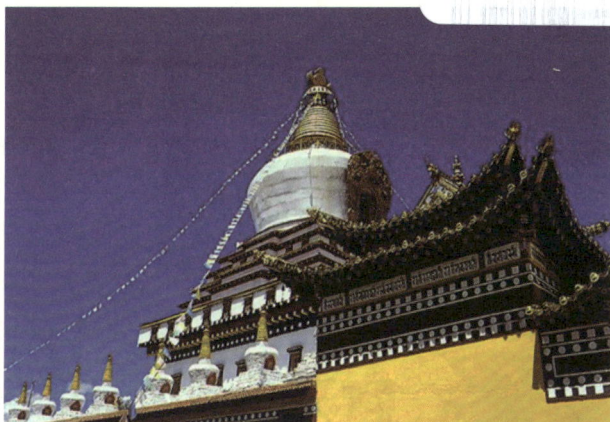

让心灵触摸蓝天

Let your soul touch the sky

大美西藏游

藏羚羊编委会 编著

东北财经大学出版社
●大连●

沱沱河气象站

申扎自然保护区　纳木措

班公湖　阿里地区　当惹雍措　色林措　那曲地区　丁青孜珠寺　迟尸林寺　昌都地区

念青唐古拉山　布达拉宫　雅鲁藏布大峡谷

古格王国遗址　冈仁波齐峰　羊八井　拉萨市　楚布寺　林芝地区　墨脱

丹玛雍措　大昭寺　藏王墓

日喀则地区　扎什伦布寺　山南地区　昌珠寺

璨碑新宫　羊卓雍措　雅砻河

珠穆朗玛峰

● 西藏旅游示意图（不作为区划边界）

藏羚羊编委会

主编：魏　敏

成员：尼玛次仁　　阿旺嘉措

　　　达瓦　　　　塔杰

　　　德庆曲珍　　孙平

　　　黄海玉　　　方子寅

　　　黄文涛　　　张彩霞

　　　苟丽佳

前言

哪儿的山最高？

哪儿的水最美？

哪儿的天最蓝？

哪儿的故事最神秘最感人？

"是谁带来远古的呼唤？是谁留下千年的期盼？

……呀啦嗦……那就是青藏高原……呀啦嗦……这就是青藏高原。"

当你轻抚她的脸庞，感受她的呼吸，不用她告诉你，这一切都是真的。

神山圣水，驰骋的目光瞬间凝固，这何止是鬼斧神工。

虔诚静穆，纷乱的心，寻找到了最顿悟的栖息地。

美丽的风景，神秘的文化，更有神奇的故事，

留下一串串洗礼、震撼、感悟、触动、留恋……

问去过西藏的每一个人，他们都会告诉你：

大美西藏，我一定还会回来的！

CONTENTS

目录

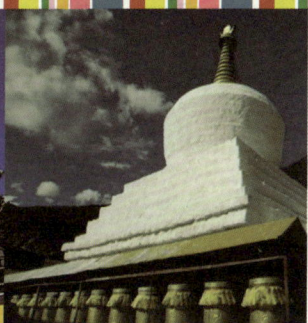

走进西藏

西藏 位于中国的西南边陲，地处青藏高原的西南部。面积120多万平方公里，约占中国总面积的1/8。南北最宽900多公里，东西最长达2000多公里，平均海拔4000米以上，素有"世界屋脊"之称。它北邻新疆，东北紧靠青海，东接连四川，东南界云南，南边和西部与缅甸、印度、不丹、尼泊尔等国接壤。陆地国界线4000多公里，是中国西南边陲的重要门户，战略位置十分重要。

西藏自治区是我国的五个自治区之一，是一个以藏族为主体的民族自治区。西藏自治区首府为拉萨市。截至2009年底，西藏自治区辖1个地级市（拉萨市）、6个地区（日喀则、林芝、山南、那曲、昌都和阿里）、1个市辖区（拉萨市城关区）、1个县级市（日喀则市）、71个县（略）。

>> 发展历史

西藏自古以来就是中国的领土。公元7世纪初，藏族的民族英雄松赞干布统一了西藏各部落，建立了吐蕃王朝。13世纪中叶，西藏正式纳入中国元代版图，西藏被划分为13个万户，万户长由朝廷直接封任。明代的近300年间，藏汉人民和睦相处。清代进一步加强了对西藏的治理，雍正五年（1727年）设驻藏大臣。光绪二十九年（1903年）英军由亚东入侵西藏，沿途遭西藏人民的抵抗。1904年，英军推进到江孜，向宗山猛烈进攻，中国守山军民坚守阵地达3月之久，打退了英军多次进攻，终因弹尽援绝，寡不敌众，宗山失守。1911年辛亥革命后，中华民国时期宣布实行汉、满、蒙、回、藏五族共和，领土统一，在《临时约法》中规定西藏为中国领土，反对和抵制"西藏独立"活动。中华人民共和国建立后，中央政府决定和平解放西藏。1952年十世班禅额尔德尼返藏，根据1951年中央和西藏签订的《十七条协议》有关规定，其固有地位和职权，应予维持，"班禅堪布会议厅"管辖班禅属区的一切政教事务。这样，连同噶夏（西藏地方政府）在内，中华人民共和国建立初期西藏共有3个行政单位，即噶夏辖区、班禅堪布会议厅辖区、昌都人民解放委员会辖区。1956年，西藏自治区筹备委员会成立，下辖拉萨、山南、江孜、日喀则、昌都、塔工、阿里、那曲等8个相当于专区建制的基础级办事处。1959年3月，西藏上层统治集团中的一些人公开撕毁《十七条协议》，发动全面武装叛乱。叛乱被平息后，封建农奴制度被废除。1961年9月，原班禅堪布会议厅委员会在完成它的历史任务后宣告结束。1965年9月1日，西藏自治区第一届人民代表大会第一次会议隆重开幕，会议选举产生了自治机关，西藏自治区正式宣告成立。

西藏自治区正式成立之后，

得到党中央、国务院及相关部门的高度重视。中共中央、国务院于1980年3月、1984年3月、1994年7月、2001年6月和2010年1月召开五次西藏工作座谈会，为推进西藏实现跨越式发展和长治久安作出了战略部署。此外，党中央、国务院号召全国兄弟省份支援西藏发展，涌现出孔繁森等可歌可泣的英雄人物。在党中央、国务院的正确领导下，在全国各族人民特别是对口援藏省市、中央和国家机关以及有关单位的大力支援下，西藏自治区党委和政府团结带领全区各族干部群众顽强奋斗，西藏经济持续快速发展，各族群众生活显著改善，民族团结不断加强。

▷▷▷ 宗教信仰 ━━━

宗教在西藏有着久远而深刻的影响，区内居民（除汉族外）大部分信仰宗教，其中藏族、门巴族、珞巴族等信奉藏传佛教，回族信奉伊斯兰教。藏传佛教影响最大。藏传佛教是大乘佛教，显

▼ 藏传佛教格鲁派创始人宗喀巴大师

密俱备，尤重密宗。它是公元4世纪以来外来佛教与西藏原有的苯教长期相互影响、相互斗争的过程中形成的，带有强烈地方的色彩，在藏流传已有1000多年的历史。藏传佛教形成了许多独立的教派，除原有的苯教外，还有"格鲁派"（俗称黄教）、"宁玛派"（俗称红教）、"萨迦派"（俗称花教）、"噶举派"（俗称白教）。从公元16世纪起，西藏实行政教合一的制度，因此，无论在人们的思想意识上，还是在生产和生活等习俗上，都带有浓厚的宗教（佛教）色彩，宗教活动成为大多数居民生活的一个组成部分。

>>> 民风民俗

服装　藏族人民传统的时装是藏装，藏装较为肥大，基本特点是长袖、宽腰、大襟。藏族穿衣，里面都要有一件衬衫，外面再穿藏袍。夏天或劳动时只穿左袖，右袖从后面拉到胸前搭在右肩上；也可左右袖均不穿，两袖束在腰间。冬天一般两袖均穿上。

礼仪　藏族人民非常注重礼仪，主要有：献哈达是藏族最普遍的礼节，婚丧、节庆、乔迁、拜会尊长、朝拜佛像、送别远行等，都有献哈达的习惯。磕头是藏民族常见的礼节，一般是朝拜佛像、佛塔和见大活佛时磕头，也有对长者磕头的。馈赠是藏族人民十分重视的事，凡有喜庆必送礼致贺。一般是有送必有还，否则即为失礼。此外，鞠躬、敬酒、敬茶是藏族礼仪中最常见、最普遍的情况。

节日　藏族人民的节日也是非常丰富多彩的。一年中的主要节日有：

藏历年：藏历是藏族人民用的年历。藏历年是藏族人民一年中最重要、最隆重的节日，相当于汉族的春节。

酥油花灯节：开始于明永乐七年（1409年）。佛教格鲁派祖师宗喀巴于当年藏历正月十五在拉萨创办传昭法会，隆重纪念释迦牟尼。这一习俗沿袭下来，人们白天到各寺朝拜，夜晚集于拉萨八廓街参加灯会，入夜后满街搭起各种花架，上有彩色酥油摆成的各种神话故事及其中的人物、花木、鸟兽等，人们狂欢起舞，彻夜不眠。

雪顿节：每年藏历六月三十日至七月六日，人们穿上节日盛装，带上点心、糖果、青稞酒、酥油茶、啤酒等吃喝用品和帐篷、围布，到林卡边看节目边游玩。此时，各地专业和业余剧团会演出各种剧目的藏戏，热闹非凡。

望果节：藏历七月底八月初举行。广大农民穿着新装，聚集在田间巡游，尽情歌舞，举行赛马、赛牛、射箭、投石、摔跤等活动，并进行丰盛的郊宴。

林卡节：藏历五月十五日是藏族人们传统的林卡节。据说是以此纪念莲花生大师曾于猴年五月降伏了藏地的一切妖魔。现在，每年的藏历五至八月，藏族人民都会身着节日盛装，带着青稞酒和酥油茶及各种美味食品来到林荫密布的林卡（林卡藏语意为公园，藏族人民过林卡节不仅仅局限于公园，往往一些有草地的郊外也是过林卡节的地方），搭起帐篷，边吃边喝边歌舞，尽情享受大自然。各帐篷间还互相邀请，并有民间艺人到此献艺，此节日常常延续达3个月之久。

此外，还有"沐浴节"（九月上旬）、"神仙下凡节"（九月二十二日）、"仙女节"（十月十五日），"燃灯节"（十月二十五日）、"驱鬼节"（十二月二十九日）等。

习俗 藏族的习俗也具有非常浓厚的民族特征，比较有代表性的是婚庆和天葬。

婚庆：西藏各地婚姻程序和礼俗有所不同，但一般情况下结婚的程序大约要经过以下几个步骤：一是如有媒人介绍或自己找到对象时，便求取对方的属相、年龄和生辰，先请活佛卜算。若属相相合，男方选择吉日，带着哈达、茶叶、酒等礼物到女方家，正式求婚。若对方同意，就

▲ 藏式婚礼

将礼物收下，并回赠一条哈达给来人。娶亲的人大半是新郎的近亲，当他们踏进新娘的家门，每经过一道门，要向门神爷献上一条哈达，及至新娘的家族迎接到客屋里，要向家长献过礼巾。当娶亲队伍迎回新娘后，新娘步入新房，就和新郎并坐在礼垫上，受家人和亲友的祝贺。然后，参加婚庆的人们就豪爽地喝酒、聊天，直到很晚才会结束。

天葬：天葬是藏族人民的丧葬习俗。天葬受法律保护，禁止对天葬活动现场进行围观、拍照、摄影、录像，禁止将天葬台作为旅游景点组织中外游客游览参观。

自然旅游资源　　以"世界屋脊"为背景的世界顶级高原自然旅游资源，具有典型性、系统性和完整性，绝大多数保持在原生状态。西藏现有世界级国家自然保护区主要有：珠峰自然保护区、藏北羌塘自然保护区、藏东南雅鲁藏布大峡谷自然保护区。此外，还有国家级名胜风景区——雅砻国家级风景名胜区。自然风光主要有以喜马拉雅山脉为主的雪山风光区域、以藏北羌塘草原为主的草原风光区域、以藏东南森林峡谷为主的自然生态风光区域、以阿里神山圣湖为主的高原湖光山色风光区域。湖泊类有以阿里神山圣湖为代表的高原雪山湖泊，以纳木措为代表的草原湖泊，以巴松错为代表的高原森林湖泊等不同类型的湖泊。

▼ 壮丽的自然风光

雄伟的布达拉宫
和白塔

人文旅游资源　以"神奇西藏"为特色的世界级藏文化人文旅游资源，具有典型性、系统性和完整性，并与周边环境融为一体。西藏现有1700多座保护完好、管理有序的寺庙，形成了独特的人文景观，主要有以拉萨布达拉宫、大昭寺为代表的藏民族政治、经济、宗教、历史、文化中心人文景观区，以山南雍布拉康、桑耶寺、昌珠寺、藏王墓群为代表的藏文化发祥地人文景观区，以日喀则扎什伦布寺、萨迦寺为代表的后藏宗教文化人文景观区，以藏北"古格王朝古都遗址"为主的文物古迹人文景观区，以昌都康区文化为代表的"茶马古道"历史文化人文景观区等。西藏全区现有国家优秀旅游城市1座：拉萨市；世界文化遗产1处：布达拉宫及其扩展项目大昭寺、罗布林卡；国家级历史文化名城3座：拉萨、日喀则、江孜。此外，一年有14个风俗各异的民间重大节日以及不计其数的民间风俗活动。

东环线：拉萨—林芝—泽当—拉萨

拉萨—米拉山口—工布江达—巴松措—尼洋河谷地—八一镇—雅鲁藏布大峡谷—林芝米林机场—雅江河谷—朗县—加查峡谷—加查—桑耶寺/雅江宽谷—贡嘎机场—拉萨河谷/两桥一隧—拉萨

该线路景区（点）有拉萨核心景区、雅鲁藏布大峡谷核心景区、桑耶寺、巴松措景区、尼洋河景区、易贡国家地质公园景区和鲁朗林海景区。

西环线：拉萨—羊湖—江孜—日喀则—拉萨

拉萨—曲水/拉萨河谷/两桥一隧—羊卓雍措/浪卡子县—卡若拉冰川—江孜（亚东口岸）—日喀则（延伸至定日、樟木）—尼木—曲水—拉萨

该线路景区（点）有拉萨核心景区、日喀则核心景区、珠穆朗玛峰核心景区、拉萨河沿河景区、江孜景区、羊卓雍措景区、樟木景区、希夏邦马峰景区和珠峰景区。

南环线：拉萨—墨竹工卡—桑日—泽当—拉萨

拉萨市—墨竹工卡—米拉山口—桑日—泽当/雅砻河谷—桑耶寺/雅江宽谷—贡嘎机场—拉萨河谷/两桥一隧—拉萨

　　该线路景区（点）有拉萨核心景区、雅鲁藏布大峡谷核心景区、桑耶寺核心景区、甘丹寺景区、雅砻河谷景区和米拉山—思金湖景区。

北环线：拉萨—林周—当雄—羊八井—拉萨

拉萨—林周/黑颈鹤—热振寺—当雄/念青唐古拉山/纳木措—青藏公路—羊八井—拉萨

　　该线路景区（点）有拉萨核心景区、纳木措核心景区、青藏铁路景观廊道、热振寺景区、林周景区、当雄景区和羊八井景区。

　　另外，还有正在建设的拉萨—林芝—昌都—那曲—拉萨、拉萨—日喀则—阿里—那曲—拉萨两大旅游环线。

A

拉萨篇
LaSa

西藏 自治区首府拉萨是一座具有1300多年历史的古城，位于雅鲁藏布江支流拉萨河北岸，海拔3650米。拉萨早先被称作"吉雪沃塘"，也就是"欢乐之水的肥沃平原"之意。大昭寺建成后，为纪念山羊驮土建寺之举，取名"羊土神变寺"，城市也改名为"惹萨"，意为"羊土城"。自从文成公主将释迦牟尼十二岁等身像移供大昭寺主神殿，这尊佛像很快成为整个雪域藏人信仰的中心，朝拜供奉者络绎不绝。缘于这尊至神至圣的佛像，"惹萨"又改名为"拉萨"，意为"神佛之地"。早在公元7世纪，松赞干布兼并邻近部落、统一西藏后，就从雅隆迁都逻娑(即今拉萨)，建立吐蕃王朝。

拉萨市辖七县一区，全市总面积近3万平方公里，市区面积523平方公里。藏王松赞干布时，除兴建布达拉宫、大昭寺、小昭寺外，在拉萨及其周围还营造了不少神庙和宫堡。大昭寺与小昭寺之间，出现了出售绸缎、毛皮的市场。在拉萨，密布着颇具民族风格的房屋和街道，聚集着来自藏区各地的人们，他们中许多人仍然穿着本民族的传统服装，那仿佛从不离手的转经筒和念珠显然表明佛教实际上已成为一种生活方式。拉萨，以其所独具的神秘感，吸引着全世的人们前往膜拜与参观。

Travel | 旅游

拉萨是西藏自治区的首府，也是西藏政治、经济、文化的中心。市内和郊区名胜古迹众多，布达拉宫、大昭寺、哲蚌寺、色拉寺和甘丹寺等早以驰名中外。拉萨无疑是这个世界上最具特色、最富魅力的城市之一，因为它1300多年的历史留下的文化遗迹以及宗教氛围所带给旅游者的震撼。

布达拉宫

布达拉宫在西藏拉萨西北的玛布日山（又名红山）上，是著名的宫堡式建筑群，藏族古建筑艺术的精华。布达拉宫始建于公元7世纪，是藏王松赞干布为远嫁西藏的唐朝文成公主而建。在海拔3700多米的红山上，建造了999间房屋的宫宇——布达拉宫。布达拉宫占地总面积达36万多平方米，建筑总面积为13万多平方米。5座宫顶覆盖镏金铜瓦，金光灿烂，气势雄伟，是藏族古建筑艺术的精华，被誉为高原圣殿。布达拉宫是历世达赖喇嘛的冬宫，也是过去西藏地方统治者政教合一的统治中心，从五世达赖喇嘛起，重大的宗教、政治仪式均在此举行，同时又是供奉历世达赖喇嘛灵塔的地方。

建筑特色　　布达拉宫的宫殿设计和建造根据高原地区阳光照射的规律，墙基宽而坚固，墙基下面有四通八达的地道和通风口。屋内有柱、斗拱、雀替、梁、椽木等，组成撑架。铺地和盖屋顶用的是叫"阿尔嘎"的硬土，各大厅和寝室的顶部都有天窗，便于采光，调节空气。金碧辉煌的金顶，具有强烈装饰效果的巨大鎏金宝瓶、幢和经幡，交相映辉，红、白、黄三种色彩的鲜明对比，分部合筑、层层套接的建筑型体，都体现了藏族古建筑迷人的特色。

唐卡与壁画　　布达拉宫内收藏了西藏特有的、在棉布绸缎上彩绘的唐卡，以及历代文物。"唐卡"是藏语，"唐"的含义与空间有关，表示广袤无边。"卡"有点像魔术，指的是空白被填补。简而言之，唐卡就是西藏的卷轴绘画。画师次旦朗杰举例说，就像在一块布上，既可画几百甚至上千尊佛，也可只画一尊佛。布达拉宫是西藏佛教建筑的杰出代

▼ 雄伟壮丽的布达拉宫

▲唐卡

表，其殿堂、回廊、门厅内的壁
画，具有鲜明的时代艺术特色，
壁画总面积达2500多平方米。这
些壁画反映了西藏不同历史时期
绘画艺术的发展轨迹，体现了西

藏丰富多彩的绘画艺术风格，具有极高的历史、科学及文化价值。

兴建　　传说这座辉煌的宫殿缘起于公元7世纪初，当时西藏的吐蕃王松赞干布在红山之上修建了九层楼宫殿，取名布达拉宫。由松赞干布建立的吐蕃王朝灭亡之后，古老的宫堡也大部分被毁于战火，直至公元17世纪，五世达赖建立噶丹颇章王朝并被清朝政府正式封为西藏地方政教首领后，才开始重建布达拉宫，时年为公元1645年。以后历代达赖又相继进行过扩建，于是布达拉宫就有了今天的规模。

▼ 彩色壁画

白宫和红宫　　布达拉宫的主体建筑，就其功能主要分为白宫和红宫两大部分。白宫是达赖喇嘛生活起居和进行政治活动的地方，红宫则是历代达赖喇嘛的灵塔和各类佛殿。白宫始建于1645年，历时8年，以松赞干布时原有的观音堂为中心，向东向西修建起一片巨大的寺宇。整个寺宇的墙面被涂成白色，远远望去，分外醒目，人们称之为"白宫"。白宫高7层，位于第4层中央的"措钦夏"（东大殿）是布达拉宫最大的殿堂，历代达赖喇嘛在此举行坐床、亲政大典等重大宗教和政治活动。第5、6两层是摄政办公和生活用房。最高的一层（第7层）是达赖喇嘛冬宫，这里采光面积很大，从早到晚，阳光灿烂，俗称"日光殿"。红宫建于1690年，当时，清康熙帝还特意从内地派了100余名汉、满、蒙工匠进藏，参与扩建布达拉宫这一浩大的工程。红宫的主体建筑是各类佛堂和达赖喇嘛的灵塔。宫内有8座存放各世达赖喇嘛法体的灵塔，其中以五世达赖喇嘛的灵塔最大、最华丽，高14.85米，塔身用金皮包裹，镶珠嵌玉，据说共用黄金11万余两，珍珠、宝石、珊瑚、琥珀、玛瑙等18677颗。

布达拉宫，不论是它石木交错的建筑方式，还是从宫殿本身所蕴藏的文化内涵看，都能感受到它的独特性，它似乎总能让到过这里的人留有深刻的印象。统一花岗石的墙身、木制屋顶和窗檐的外挑起翘设计、全部的铜瓦鎏金装饰，以及由经幢、宝瓶、摩羯鱼、金翅鸟做脊饰的点缀，这一切完美配合，使整座宫殿显得富丽堂皇。独特的布达拉宫同时又是神圣的，因为每当提及西藏，人们总是不禁想到了布达拉宫。布达拉宫是藏式建筑的杰出代表，也是中华民族古建筑的精华之作。

大昭寺

大昭寺位于拉萨老城区中心，是一座藏传佛教寺院。大昭寺始建于7世纪吐蕃王朝的鼎盛时期，距今已有1350多年的历史。之后，寺院经历代扩建，目前占地25100余平方米。大昭寺在藏传佛教中拥有至高无上的地位。大昭寺又名"祖拉康"、"觉康"（藏语意为佛殿），始建于唐贞观二十一年（647年），后经历代修缮增建，形成庞大的建筑群。2000年11月，大昭寺作为布达拉宫的扩展项目被批准列入《世界遗产名录》，列为世界文化遗产。"去拉萨而没有到大昭寺就等于没去过拉萨。"这是大昭寺里著名的喇嘛尼玛次仁的话，也是几乎每一个旅行者都认同的观点。

风格 大昭寺建造时曾以山羊驮土，因而曾被命名为"羊土神变寺"。1409年，格鲁教派创始人宗喀巴大师为歌颂释迦牟尼的功德，召集藏传佛教各派僧众，在寺院举行了传昭大法会，寺院改名为大昭寺。也有观点认为早在9世纪时已改为大昭寺。清朝时，大昭寺曾被称为"伊克昭"。大昭寺是西藏现存最辉煌的吐蕃时期的建筑，也是西藏现存最古老的土木结构建筑，开创了藏式平川式的寺庙布局形式。大昭寺融合了藏、唐、尼泊尔和印度的建筑风格，成为藏式宗教建筑的千古典范。

▲ 大昭寺

陈设与地位　　大昭寺始建于公元647年，有20多个殿堂，主殿高4层，镏金铜瓦顶，辉煌壮观，具有唐代建筑风格，也吸取了尼泊尔和印度建筑艺术特色。大殿正中供奉文成公主从长安带来的释迦牟尼12岁等身镀金铜像。两侧配殿供奉松赞干布、文成公主、尼泊尔尺尊公主等塑像。大昭寺是西藏重大佛事活动的中心。五世达赖喇嘛建立"甘丹颇章"政权后，"噶厦"政府的机构便设于寺内，主要集中在庭院上方的两层楼周围。

木雕 大昭寺殿中的碉楼、雕梁是西藏样式，主殿二、三层檐下排列成行的103个木雕伏兽和人面狮身，又呈现尼泊尔和印度的风格特点。

▲ 释迦牟尼12岁等身像

▼ 大昭寺木雕

壁画 寺内有藏式壁画《文成公主进藏图》和《大昭寺修建图》，还有两幅明代刺绣的护法神唐卡，这是藏传佛教格鲁派供奉的密宗之佛中的两尊，为难得的艺术珍品。

朝拜 藏族人民有"先有大昭寺，后有拉萨城"之说，环大昭寺内中心的释迦牟尼佛殿一圈称为"囊廓"，环大昭寺外墙一圈称为"八廓"，大昭寺外辐射出的街道叫"八廓街"。以大昭寺为中心，将布达拉宫、药王山、小昭寺包括进来的一大圈称为"林廓"。这从内到外的三个环形，便是藏民们行转经仪式的路线。你可以随时看到朝拜者在大昭寺门口磕长头，场面非常感人，由此可见大昭寺在拉萨人的心目中的地位之高。

▼ 文成公主进藏图

唐蕃会盟碑　　唐蕃会盟碑又称甥舅和盟碑、长庆会盟碑。建于唐长庆三年（公元823年）。在大昭寺门前。由于唐朝文成公主和金城公主嫁到西藏，当时吐蕃尊唐为舅，自称为甥，故此碑又称舅甥会盟碑。据史书记载，公元821年，吐蕃派使臣伦纳罗至长安请盟，唐派大理卿刘元鼎力会盟专使随蕃使入藏，次年在拉萨设坛盟约，至第三年正式立碑。碑身呈方柱形，高3.42米，宽0.82米，厚0.35米。碑上刻有藏汉两

▲ 唐蕃会盟碑

种碑文，虽经历1000多年的风风雨雨，但字迹尚能依稀辨认。碑阳及两侧以汉藏两种文字刻载会盟全文及唐蕃会盟官员的姓名、职位；碑阴以藏文刻载唐蕃友好关系历史和此次会盟的经过及意义。唐蕃会盟碑是西藏重要的古文献之一，是千余年来汉藏人民团结友爱的历史物证，也是研究吐蕃历史的重要文物。

金瓶掣签 西藏的寺院多数归属于某一藏传佛教教派，而大昭寺则是各教派共尊的神圣寺院。活佛转世的"金瓶掣签"仪式历来在大昭寺进行。1995年，确定十世班禅转世灵童的金瓶掣签仪式也是在这里举行的。

金瓶掣签仪式就是用金瓶掣签的方式来认定藏传佛教最高等的大活佛转世灵童，是清王朝乾隆五十七年（1792年）正式设立的制度。元明以来，西藏事务俱是由西藏宗教上层和信奉藏传佛教的蒙古王公以及西藏的大贵族操持。皇帝对西藏重大事务时而也派钦差进藏督办。清朝时期，中央政府加强了对西藏的直接控制。康熙、雍正、乾隆皇帝考虑到对边远蒙古部族的约束，都对西藏达赖和班禅两大活佛体系采取优抚政策，乾隆皇帝还制定了《钦定二十九条章程》。

金瓶又称"金奔巴"或"金本巴"（"奔巴"藏语意为"瓶"）。金瓶掣签制度特别设立了两个金瓶：一个放在北京雍和宫，专供蒙古地区大活佛转世灵童掣签用；另一个放在拉萨大昭寺，专门供西藏、青海等地掣签认定大活佛转世灵童。金瓶掣签制度建立后，第一个启用金瓶掣签并得到认定的达赖是九世达赖的转世灵童，即十世达赖楚臣嘉措；第一个用金瓶掣签认定的班禅是七世班禅转世灵童，即八世班禅丹白旺修。

自清王朝至民国的200多年间，仅西藏一地，就有格鲁、噶举、宁玛三派的39个活佛转世系统70余名活佛通过金瓶掣签认定。

中华人民共和国成立后，第一个用金瓶掣签认定的大活佛是十世班禅转世灵童，即十一世班禅坚赞诺布。1995年11月29日，认定十世班禅大师转世灵童的金瓶掣签仪式在西藏拉萨大昭寺释迦牟尼佛像前举行。

▼ 金瓶和玉签

罗布林卡

罗布林卡位于西藏拉萨市西郊，属全国重点文物保护单位。罗布林卡始建于18世纪40年代（七世达赖），是历代达赖喇嘛消夏理政的地方，因而也称为夏宫（布达拉宫为冬宫）。在藏语中，"罗布"意为宝贝，而"林卡"意为公园或园林，因而"罗布林卡"就是宝贝园林。经过200多年的扩建，罗布林卡整个园林占地36万平方米，建筑以格桑颇章、金色颇章、达旦明久颇章为主体，"颇章"在藏语里是宫殿的意思。罗布林卡有房374间，是西藏人造园林中规模最大、风景最佳、古迹最多的园林。

两次兴建　罗布林卡的建造历时200余年，在此期间，大规模的兴兴活动有两次：一次在八世达赖期间；另一次在十三世达赖期间。八世达赖时期扩建了辩经台、观戏楼、湖心官、龙王宫、阅经室等，明显具有了园林建筑的特点。十三世达赖对罗布林卡的扩建活动，主要是辟建金色林卡，在园林西部修建金色颇章和格桑德吉等建筑。

格桑颇章　进入罗布林卡正门，从左面的路一直往前走大约200米后，能看到的第一座宫殿，就是罗

布林卡里最早的建筑格桑颇章了。格桑颇章建于1755年，专为七世达赖格桑嘉措沐浴而用。因七世达赖喇嘛格桑嘉措常来这里淋浴治病，清朝驻藏大臣便修了一座"清凉宫"。这是罗布林卡的第一座建筑。七世达赖还以自己的名义修建了格桑颇章，宫高3层，内设佛堂、护法神殿、集会殿、阅览室、卧室及历代达赖办公和接见僧侣官员的地方。主殿设有七世达赖喇嘛的宝座，挂满了珍贵的度母唐卡像和护法神像，有近百幅之多。

▼ 金色颇章旁的合欢树

金色颇章　　从格桑颇章出来向右一上走，在水塔的地方向右转，再前行不远，左手的围墙就是动物园。动物园西面有一个朝南的门，里面就是金色颇章。金色颇章建于1926年，是一位名叫金色坎布的富人专为十三世达赖喇嘛修建的。金色颇章正门前有一个宽广的大广场，面积达6800余平方米。广场正中是一条用大石板铺砌的通道，通道两旁栽种了松、柏、杏、杨等树木。宫殿前面的四棵古柏，高大茁壮，枝叶繁茂，广场四周有围墙，形成大院落。

措吉颇章　　从夏布甸拉康向西，是措吉颇章(湖心宫)，这是一组情趣盎然的水上建筑。水榭北面，有龙王亭。水榭的东面，有东龙王庙。水榭的西面，是两层楼的春增颇章，是达赖喇嘛读书的地方。水榭南面是马厩，也是饲养其他动物的地方。有趣的是，即使是马厩，在门楣、墙壁上也绘满了习武的壁画。

达旦明久颇章　　达旦明久颇章，意为"永恒不变宫"，为两层楼建筑，1956年竣工，一般都叫它新宫。虽然是座现代建筑，但外观完全依照传统，只是内部采用了现代的设施。它集宫殿和别墅于一体，更显得幽雅和堂皇。北殿西侧经堂内画的菩提树下的释迦牟尼与八大弟子图相当著名。达旦明久颇章内一组精美绝伦的连环画，再现了西藏的整个历史。据史料记载，这种以历史为题材的绘画艺术，始于公元前2世纪，吐蕃第一代赞普聂赤赞普时期。五世达赖喇嘛时期，就绘制了一套体现西藏历史的唐卡(现仍保存在西藏博物馆和布达拉宫)，此后便出现了更多的以历史为题材的绘画艺术。有猕猴变人的传说、吐蕃兴亡、教派兴起，从第一位藏王降世，至五世和十三世达赖、班禅访问北京返回拉萨等，共计301幅，是西藏历史的巨幅画卷。小经堂里分别供奉着持金刚、弥勒佛和文殊菩萨。新宫一层过厅有狮、虎两幅画，神态逼真，栩栩如生，出自十四世达赖画师安多强巴手笔，大经堂里的噶厦百官图和密宗室里菩提树下释迦讲经图也是强巴所画。

西藏博物馆

西藏博物馆坐落于拉萨市西郊、罗布林卡东南角，是西藏第一座具有现代化功能的博物馆。1994年7月列入西藏自治区成立30周年大庆援藏62项工程之一，并于1999年10月中华人民共和国成立50周年和西藏民主改革40周年之际落成开馆。西藏博物馆占地面积53959平方米，总建筑面积23508平方米，展厅面积10451平方米，宏伟壮丽。西藏博物馆汉语馆名由江泽民同志亲笔题写，藏文馆名是从17世纪金写《大藏经》上临摹下来的。博物馆墙体用花岗

▼ 措吉颇章

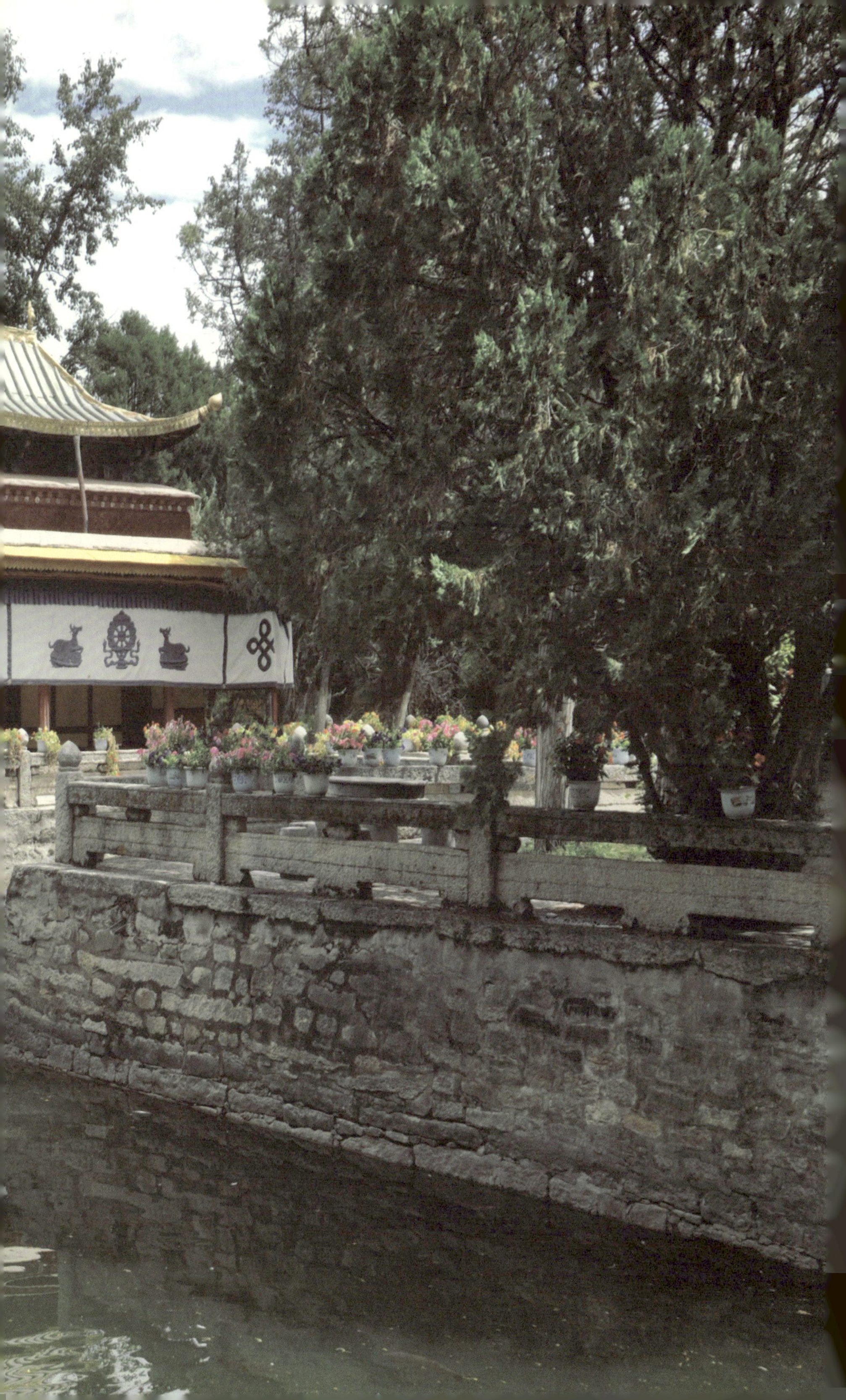

石砌就，上端为藏式女儿墙即镶嵌柽柳女墙，屋顶用琉璃瓦覆盖。博物馆内部结构采用现代结构体，朝阳一面镶有进口落地大玻璃。馆区中轴线上依次坐落着序言厅、主展馆和文物库房。西藏博物馆具有鲜明的藏族传统建筑艺术特点，同时又深刻体现了现代建筑的实用特点和艺术神韵，打造出自己独具的建筑风格，环境布局独具匠心。西藏博物馆开馆展览推出了《西藏历史文化》的基本陈列，由史前文化、不可分割的历史、文化艺术、民俗文化四个部分组成。西藏博物馆于2002年被评为国家AAAA级旅游景点。

建筑结构　　西藏博物馆区中轴线上依次坐落着序言厅、主展馆和文物库房，整体布局结构科学严谨。西藏博物馆的建筑风格并不仅仅一味地传承。拉萨已有太多雷同建筑，而西藏博物馆注定成为与众不同的一个，它在保留了藏族传统建筑特点的同时，又结合了现代建筑极其实用的特性和

▼西藏博物馆

艺术神韵。将民族外壳由现代材料、现代房屋架构利用现代空间布局支撑起来。序幕厅中壁龛写着藏、汉、英三种文字前言；每部分的前言，均作四柱三间横梁托木

▲西藏博物馆藏文典籍

式框架。陈列厅内柱头及顶棚用柱面幡、布艺、香布来装饰，陈列柜上镶紫铜八吉祥图案。这些形式设计既改变了原建筑内装修的简陋，又从细节处营造了浓厚的藏族艺术氛围。

馆藏珍品　　西藏博物馆有丰富的馆藏珍品，诸如各种类型的史前文化遗物，多种质地和造型的佛、菩萨人物造像，历代蘸金粉、银粉、珊瑚粉等手写的藏文典籍，五彩纷呈的唐卡画，各种乐器、法器，具有鲜明的民族特色的手工艺品，别有风格的陶器等等。西藏博物馆《西藏历史文化》的陈列被国家文物局、中国博物馆协会、中国文物报社评为"1999年度全国十大陈列展览精品"之一。展出的1000多件精选的文物展品，从西藏的历史、文化、艺术、宗教、民俗等方面向观众直观地展示出藏民族独具魅力的灿烂文化和悠久历史。西藏博物馆已经开始为参观者以藏、汉、日、英等四种语言，提供有声导览形式的解说服务，使游客在参观博物馆时，体会身临其境的感受。

▼ 西藏博物馆文物

哲蚌寺

哲蚌寺坐落在拉萨西郊10公里外的根培乌孜山南坡的山坳里，为中国藏传佛教格鲁派六大寺之一。与甘丹寺、色拉寺合称拉萨三大寺。"哲蚌"意为堆积大米。1980—1989年，政府先后拨款162多万元人民币，对该寺不断进行多方面的维修，使这一闻名中外的古寺更加庄严华丽，成为国内外佛教徒和游客朝拜观光的佛教圣地。

▼ 远望哲蚌寺

建筑结构　　哲蚌寺是藏传佛教格鲁派六大寺庙中规模最大的一座。该寺也是一座名僧大德辈出之寺，五世达赖长期驻锡在此，直到受清朝皇帝册封、布达拉宫扩建以后才搬到拉萨城内。明永乐十四年（1416年），该寺由格鲁派祖师宗喀巴弟子绛央却杰主持修建。建成后他任第一任堪布，由最初的7个弟子，分别形成该寺7个札仓（经学院），后来发展为格鲁派实力最雄厚的寺院。哲蚌寺主要由措钦大殿、四大扎仓（即洛色林扎仓、德阳扎仓、阿巴扎仓、果芒扎仓）和甘丹颇章几部分组成。从哲蚌寺沿西侧的台阶拾级而上，一幢窗口饰满鲜花的三层佛殿便会映入眼帘，这便是著名的甘丹颇章。甘丹颇章为极乐宫，建于1530年，由二世达赖喇嘛根敦嘉措任哲蚌寺第十任赤巴（住持）时主持修建。以后三世、四世、五世达赖喇嘛都在这里居住过并历任该寺赤巴。赤巴负责掌管全寺一切宗教活动或事务，一般由佛学知识渊博、德高望重的高僧来担任。甘丹颇章一度成为西藏地区政治权力中心，后来五世达赖迁往布达拉宫处理政务。其门前的小佛殿里至今仍供奉着五世达赖喇嘛的衣服。哲蚌寺最盛时期寺僧编制为近万人，拥有141个庄园与540余个牧场。

▲措钦大殿

兴建历史 公元1409年，宗喀巴大师在拉萨大昭寺成功地创办了传昭大法会，同年他亲自倡建格鲁派祖寺甘丹寺，至此标志着他苦心创立的新教派格鲁派已经形成，得到全藏僧俗群众的信奉。格鲁派势力日益强大，信徒与日俱增，哲蚌寺就是在这样的背景下兴建起来的。明永乐十四年（1416年），宗喀巴弟子绛央却杰兴建哲蚌寺，此寺为历代达赖喇嘛的母寺。寺中的甘丹颇章为达赖二世根敦嘉措主持修建，第二、三、四、五世达赖均在此坐床，以后五世达赖在此掌领西藏地方政教大权。

雪顿晒佛 哲蚌寺的法事颇多，每逢大型佛教纪念日和藏历每月的望晦日（即十五日、三十日）等吉日，都要举行相应的法事。还有一些僧俗同庆的活动，其中场面最大的要算"哲蚌雪顿"了。"雪顿"藏语意为"酸奶宴"，原先是一种纯宗教活动。按照佛教的法规戒律，夏天僧人们要在寺院内闭室静修，行三事，即长净、夏安居和解制，直到解制为止。在开禁之日，世俗百姓以酸奶施舍。后来"雪顿"的内容更加丰富，宗教活动和文娱活动相结合，规模不断扩大。藏历六月三十日"雪顿节"当天，先是以哲蚌寺为中心，清晨展览巨幅佛像唐卡画，接着举行藏戏会演，实为僧俗同乐的节日。

▼ 哲蚌寺雪顿节晒佛

▲ 哲蚌寺喇嘛正在辩经

喇嘛辩经　　辩经是佛学用语，即出家人学习佛经后，为了加强对佛经的真正理解，采用一问一答、一问几答或几问一答的答辩方式交流所学心得和所悟佛法。它是喇嘛们学习佛经的一个方式，辩经的场面在内地的寺院很难见到。在哲蚌寺，僧人们入寺后先学显宗，然后学习密宗，密宗主要以格鲁派规定的五部大论为主，学完这些经典通常需要22～24年时间。这么多深奥的佛学典籍仅靠自己修习恐怕很难将它们完全记住，所以相互问答促进是非常有益的一种方法。他们辩经时的动作比较有意思，虽然外来的游客听不懂他们在说什么，其实由于他们辩经的内容比较深奥，本地的一般群众也难以理解，不过游客大多非常感兴趣，因为他们辩经时的动作很有意思。在每一个提问前，都会将右手向后高高扬起，和左手相拍发出清脆的响声，将右手向下伸向对方后拉起。然后右手拉动戴在左臂上的佛珠，表明他会受到佛祖的庇佑并将在辩经中获胜。如果答辩方长时间不回答，提问方还会使用一些动作表示催促。

纳木措

纳木措是中国第二大咸水湖，位于西藏中部，拉萨市当雄县境内，距离拉萨约160公里。湖的形状近似长方形，东西长70多公里，南北宽30多公里，面积1920多平方公里。湖水最大深度33米，蓄水量768亿立方米，湖面海拔4718米，为世界上海拔最高的大型湖泊。藏语"措"就是"湖"的意思，"纳木措"藏语意为"天湖"。

风景秀丽 纳木措被《中国国家地理》"选美中国"活动评选为"中国最美的五大湖泊"第三名。烟波浩淼的高山神湖，广阔无边翡翠般的牧场，蓝宝石似的天空，雄奇透剔的念青唐古拉雪峦，在阳光照射下夹杂着红、黄、棕、褐和青灰色的层叠色彩，为我们展开了一幅瑰丽多彩的画卷。夏天是纳木措最为热闹的季节，湖中的鱼群在阳光下银鳞闪烁；候鸟从南方飞来，在岛上和湖滨产卵、哺育后代；野牦牛、野羊等野生动物在广袤的草滩上吃草，牛羊在牧人的牧鞭下奔跑，整个纳木措生机盎然。纳木措东南部是雄伟壮丽、终年积雪的念青唐古拉山，北侧倚偎着和缓连绵的高原丘陵，湖四周环绕着广阔的草原。闲游湖畔，让人似有身临仙境之感。纳木措的形状像静卧的胜乐金刚，湖的南面有乌龟梁、孔雀梁等18道梁，湖的北面有黄鸭岛、鹏鸟岛等18个岛。从扎西半岛开始转湖，前几十公里的视野特别开阔，风景迷人，但路途崎岖，要经过大小10多条河流。

纳木措

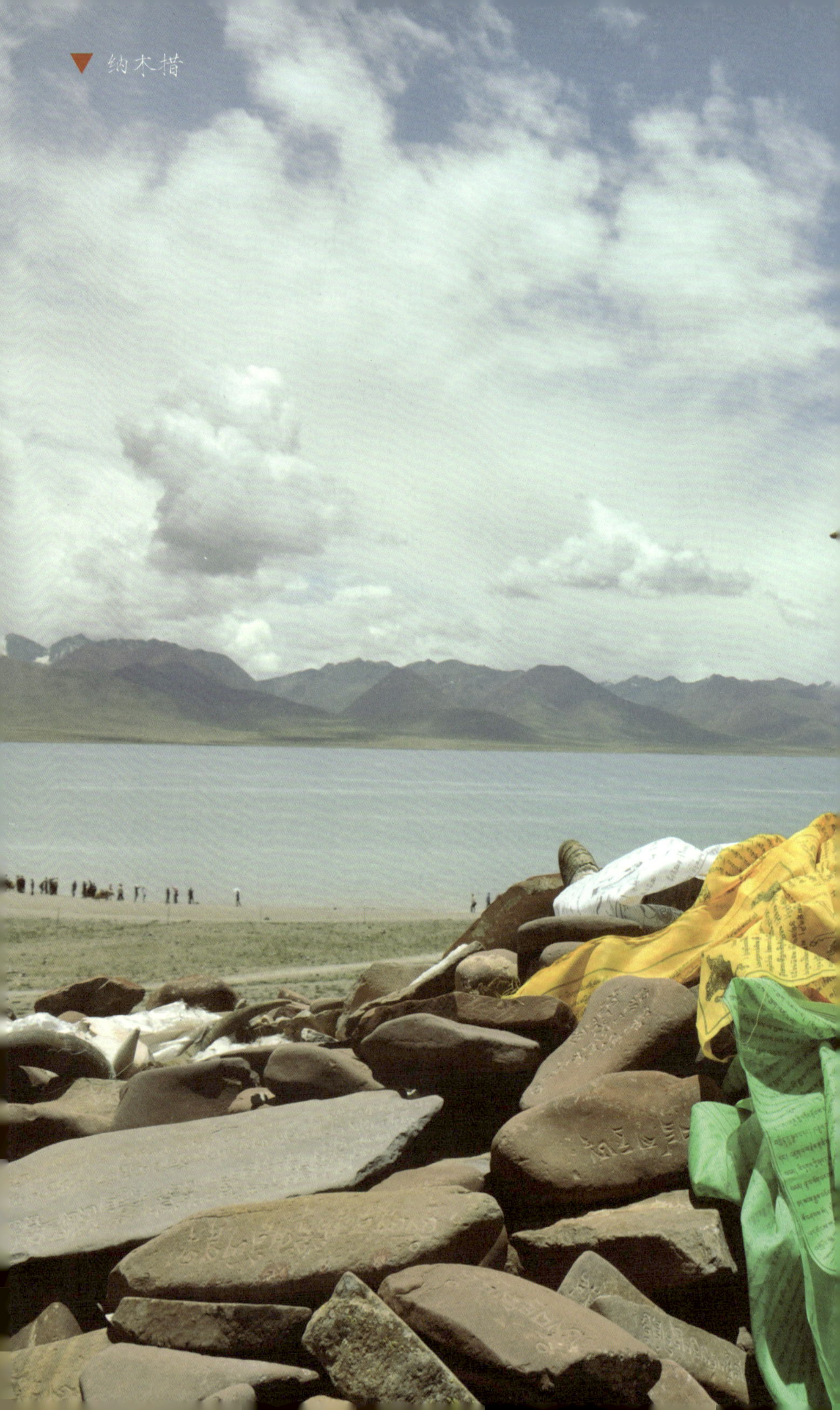

佛教圣地 纳木措是藏传佛教的著名圣地，相传这里是密宗本尊胜乐金刚的道场，信徒们尊其为四大威猛湖之一。在公元12世纪末，藏传佛教达隆噶举派创始人达隆塘巴·扎西贝等高僧曾到湖上修习密宗要法，并认为是胜乐金刚的道场，始创羊年环绕纳木灵湖之举。每到藏历羊年，诸佛在纳木措设坛大兴法会，此时前往朝拜，转湖念经一次，胜过平时转湖念经十三次，其福无量。所以，每到藏历羊年，僧人信徒不惜长途跋涉前往转湖一次。而每到藏历羊年的四月十五达到高潮，届时信徒如潮如云，盛况空前。纳木措环绕的扎西半岛不仅有着奇异的景观，也是转湖的必到之处。纳木措的四面建有4座寺庙，即东有扎西多波切寺，南有古尔琼白玛寺，西有多加寺，北有恰妥寺，象征着佛教上所说的愠、怒、权、势。恰多南卡岛也是块圣地，这里正好是念青唐古拉山的对面，有两根兀立的石柱，一根浑然一体，一根有一空缝，有人说这是阴阳的象征，也有人称它们为念青唐古拉山的门神。岛上还有许多佛像和文字的自成物，以及许多山洞，附近经常可以看到黄羊和石羊。纳木措——西藏人心目中的圣湖，每年都吸引着西藏当地和青海、四川、甘肃、云南的信徒们万里迢迢、历经艰辛来转湖朝圣，以寻求灵魂的超越。世界海拔最高的湖，远离现代工业的污染，保持着自然原始生态，是朝圣者心目中的圣地。

浪漫传说

在苯教或藏传佛教的万神殿中，在流传久远的民歌里，纳木措和念青唐古拉雪峰不仅是著名的神山圣湖，而且还是生死相依的恋人。念青唐古拉雪峰因纳木措的依偎而显得更加英俊伟岸，纳木措亦由于念青唐古拉雪峰相伴而愈发妩媚动人。念青唐古拉雪峰是英雄之神，是世界形成时的九位大神之一，也是历代藏王最崇拜的十三位大神之一。念青唐古拉神右手拿着蓝灰色宝石柄的拂尘，左手挥舞着白幡，威猛的身躯闪着金刚烈焰。念青唐古拉神骑着一匹骏马，右手持剑，斩断了魔王的命根，左手托着魔王的心脏，铲除了危害万民的祸首。

▼ 阴阳石柱

其他主要景区（点）

拉萨娘热民俗风情园　　娘热民俗风情园位于拉萨市北郊的娘热沟，距离市中心6公里，是拉萨市具有较高文化内涵的纯民俗景区。娘热民俗风情园是"国家级AAA旅游景点"，也是目前全区唯一的国家级"全国农业旅游示范景点"。娘热甲米水磨加工技艺是第一批国务院颁布的"国家级非物质文化遗产"。水磨坊的功能是加工糌粑、面粉以及加工家畜饲料，因此广泛分布在西藏农区和部分牧区。藏族人民食用糌粑距今已有几千年的历史，早期的糌粑是用人力手工磨制，现在西藏、青海等地的偏远牧区依然保留着这种方式。此外，在景区内可体验西藏农牧林区百姓的民风民俗，观赏民间文化汇展和独特的民间歌舞表演，还有一些独特的饮食等供游人选择。

▼ 拉萨娘热民俗风情园甲米水磨坊

▲ 小昭寺

拉萨木如寺印经院　　木如寺印经院成立于20世纪80年代，是西藏目前仅有的一家佛经印刷厂。印经院采用古老的雕版印刷，藏有320部藏文佛经的12.8万块长方形雕版。木如寺印经院坐落在拉萨市中心，来自西藏各地及青海、云南、四川、甘肃等地藏区的信徒经常在此购买藏文佛经，这里只收取成本费。

小昭寺　　位于大昭寺北面约500米处，为西藏自治区重点文物保护单位，拉萨名胜之一。通常与大昭寺连称"拉萨二昭"而驰名于世。小昭寺始建于唐代，与大昭寺同期建成，7世纪中叶由文成公主督饬藏汉族工匠建造。

▲ 拉德仲温泉

拉德仲温泉 距拉萨140公里，行车时间大概需要6小时，沿途可以见到黑颈鹤，离温泉7公里的路口可以去有名的天葬台和止贡提寺。德仲是一个美丽的藏族小山村，位于一个山谷之中，两旁山坡是高山牧场，绿草如茵。小山村建筑是典型的白色，错落有致，中间夹着一个庵堂，金黄的屋顶，终日回荡着海螺声。德仲温泉是一个很奇妙的温泉，属于气泡浴，据说可以治多种皮肤病。池子分为男池和女池，中间隔着一堵石墙。

色拉寺　　色拉寺坐落在拉萨北郊，是藏传佛教格鲁派三大寺之一，建于明永乐十七年（1419年）。色拉寺藏语为"野玫园寺"。色拉寺建有一个大殿、三个扎仓（僧院）、二十九个康村。僧人最多时有5500多人。寺内保存着上万个金刚佛像，大多为西藏本地制作。还有许多是从内地或印度带来的铜佛像。大殿和各扎仓经堂四壁保存着大量彩色壁画原作。

▼ 色拉寺

羊八井　位于青藏公路和中国通往尼泊尔公路的交叉点上，是西藏第一个地热开发试验区，已建有热电站、地热温室和温泉浴室。它所处的羌塘草原是个高寒地区，一年有八九个月冰封土冻。然而方圆40平方公里的热田，温泉雾气腾腾。要是往滚滚向上冒热气的温泉边放上几个鸡蛋，三五分钟便可煮熟。

驻藏大臣衙门遗址　在拉萨有三处，分别为"朵森格"、"秀赤林卡"和"蔓珍"。"朵森格"，意为石狮，因衙门前有一

▼ 羊八井热电站

▲念青唐古拉山雪峰

对石狮，故名。在大昭寺西南方，今西藏军区第二招待所。"秀赤林卡"，意为宝座，据说该地原有七世达赖的宝座，故名，在今文化宫周围。"蔓珍"，为贵族家房名，在今西藏话剧团的后面。清朝建立后，沿袭明朝管理西藏地方的制度。雍正五年（1727年），西藏内部发生叛乱，藏王康济鼐被杀。清政府为安定西藏局势，决定从雍正六年起，设驻藏大臣。

念青唐古拉山　在拉萨以北100公里处，屹立着举世闻名的念青唐古拉大雪峰，山顶最高处海拔7117米，终年白雪皑皑，云雾缭绕，雷电交加，神秘莫测，如同头缠锦缎、身披铠甲的英武之神，高高地矗立在雪山、草原和重重峡谷之上。在西藏古老的神话里，在苯教或藏传佛教的万神殿中，在当地牧羊人和狩猎者的民歌和传说里，念青唐古拉山和纳木措不仅是西藏最引人注目的神山圣湖，而且是生死相依的情人和夫妇，吸引着成千上万的信徒、香客、旅游者前来观瞻朝拜，成为世界屋脊上最大的宗教圣地和旅游景观。

航空

拉萨贡嘎机场辟有国际及省际航线，与成都、北京、上海、重庆、西安、西宁、广州、昌都、昆明以及尼泊尔加德满都之间有航线，游客进出西藏非常便捷。另外，市区各个机票代售网点均销售拉萨经成都中转去全国各大城市的联程机票，价格比较便宜。西藏贡嘎机场位于拉萨以南60多公里的贡嘎县，市区到机场车程约需1小时，班车费用20元。人多的话可以考虑包的士，约收150～200元。另外，机场还有从泽当（山南）或日喀则到拉萨的过路中巴，价格约20～30元。

▼ 拉萨贡嘎机场

▲奔驰在青藏铁路上的列车

　　青藏铁路已于2006年7月1日正式通车，首发拉萨的城市有北京、成都、重庆、西宁、兰州，之后又陆续有上海、广州等大城市加入青藏铁路的运行，大批的旅游者正通过铁路前往西藏旅游并享受着与以前完全不同的西藏高原风光及旅游体验。青藏铁路基本与青藏公路相伴而行，沿途经过众多的旅游景点及站点：南山口、甘隆、小南川、玉珠峰、不冻泉、楚玛尔河、纳赤台、五道梁、秀水河、沱沱河、通天河、雁石坪、布强格、唐古拉山、扎江藏布、安多、措那湖、那曲、当雄、羊八井等，最后进入拉萨市。

青藏铁路采用了我国研制的世界首列高原高寒动车，车上办公、急救及生活设施齐全。该车设计安全、可靠、舒适、环保，可在高寒、缺氧的环境下正常运行。列车配有高原供氧系统，采用整仓加氧，该系统可根据车内空气中氧气的含量自动控制制氧机的运行，使空气中氧气的浓度始终保持在人体舒适的水平上，以克服旅客的高原反应。

公路

拉萨的长途汽车站位于民族路和金珠中路交界。这里的长途汽车线四通八达，东至八一、昌都、成都，西至日喀则、江孜及樟木，北通格尔木。拉萨至格尔木1165公里，车费262元；拉萨至泽当191公里，车费28元；拉萨至昌都1121公里，车费228元；拉萨至成都2415公里，车费443元；拉萨至日喀则280公里，车费40元；拉萨至樟木754公里，车费113元；拉萨至江孜264公里，车费38元。

市内交通

出租车　虽然拉萨城市非常小，但令人惊讶的是它拥有1500辆出租车。在拉萨打的，起步价10元（5公里），一般在市内10元也就够了。

中巴/公交车　个体中巴和公交车行走固定路线，票价2元（公交车1元），拉萨的中巴/公交车比较少，大部分线路都经过布达拉宫广场或布达拉宫广场附近。

人力三轮车　由于人力三轮车环保、低价，所以拉萨街头随处可见的人力三轮车也是一道风景线。拉萨人力三轮车一般起步价3元，路程较远时可以议价。

▼ 拉萨街头的人力三轮车

Lodging | 住宿

　　拉萨是西藏的政治、经济、文化中心，住宿条件在西藏是最好的（和内地相比仍有较大的差距），高档宾馆很多，但也有适合自助旅游的中低档旅馆。

星级饭店　　高档的有民族中路1号的拉萨饭店、金珠西路75号的圣瑞斯大酒店、民族路1号的拉萨国际大酒店、北京中路64号的西藏宾馆、北京中路54号的湖北大厦、宇拓路3号的西藏迎宾馆、宇拓路14号的金谷饭店以及八廓街31号的嘎吉林宾馆等。

经济型旅馆　自助旅游可以选择市内的经济型旅馆，价格较低，有电话和热水。旅馆客房房门上，经常可

▼ 圣瑞斯大酒店

见到驴友召人组合出游的启事，大家在随意串门聊天、互通旅游计划和心得之余，常常就此结伴出游。当然这里也有西藏民族特色的招待所，著名的八廊学旅馆被评为"世界十大山地旅馆"之一。在这里或

许没有宾馆里的豪华和舒适，但是，这里是真正具有西藏浓郁氛围的地方。

八朗学旅馆　　位于北京东路，是典型的藏式旅馆，创办于1984年，为拉萨市资历最老、名声最大的旅馆之一，曾入选国外媒体评出的世界十大具有优质服务的旅馆之列。门口告示牌旅游信息丰富。每间房均配备有线电视、卫生间等。这里有24小时公共浴室，有免费洗衣、自行车出租、机动车停放及上网等服务。八朗学旅馆还附有藏餐馆、自行车维修点以及尼玛甜茶馆。

亚旅馆　　位于北京东路100号，是老牌的藏式旅馆，享有盛誉，以大门门楣中央的牦牛头为标志。目前，该旅馆已装修一新，国内外散客入住较多。告示牌处自助旅游信息丰富。现有客房62间，床位185个，分豪华间、标间和经济间，均可提供24小时热水服务。旅馆可为需外出的客人提供免费用车接送服务。藏式餐厅装修豪华，以经营藏餐、中餐和西餐为主。

吉日旅馆　　位于北京东路12号，是藏汉结合的著名旅馆之一。价格低廉，处于众多著名景点的包围之中，为散客集中之地。大门处告示牌有相当多的旅游资讯。

Food | 美食

▲ 酥油茶

拉萨是整个西藏食宿条件最好的地方。饭店中，主要以藏菜、川菜为主，几家旅店内的餐厅同时也供应尼泊尔和印度菜。各菜馆的价格相差不大，川菜价格比内地稍贵。西式餐厅大都集中于游客比较多的北京路。

酥油茶

酥油是从牛、羊奶中提炼出来的。以前，牧民提炼酥油的方法比较特殊。酥油茶是将砖茶用水煮好，加入酥油（牦牛的黄油），放到一个细长的木桶中，用一根搅棒用力搅打，使其成为乳浊液。在每个藏族家庭，随时随地都可以见到酥油。酥油是藏族人民每日不可缺少的食品。

喝酥油茶，第一口异味难耐，第二口淳香流芳，第三口永世不忘。千百年来，在与严酷的自然条件作斗争时，藏族人民创造了酥油茶文化。围绕茶文化，还有茶会，贯穿于交友、节庆、离别、爱情等聚会中。

人参果

▲人参果饭

西藏人参果又叫延寿果、蓬莱果等。它含糖3%、蛋白质15%、脂肪1.1%，还含丰富的维生素和钙、磷、铁等无机盐，是一种很好的甜食辅料。它的全株又是藏药之一，性味甘、温，有健脾益胃、明目益智、收敛止血、生津止渴、补血益气之功效。对于营养不良、脾虚腹泻、贫血及病后体弱等症有良好的疗效，也是有助健康、使人益寿延年的佳果。人参果——藏语谓之"青梅日布"，意为长生不老之果。

青稞酒

青稞酒是用青稞酿成的度数很低的酒，藏族群众男女老少都喜欢喝，是喜庆过节的必备之饮料。每逢节庆（婚庆），他们会用右手的无名指在酒杯里蘸一点酒向天弹一下，然后再蘸一点酒向地弹一下，表示先敬了天地。青稞酒的制作工艺很独特，先将青稞洗净煮熟，待温度稍降，便加上酒曲，用陶罐或木桶装好封闭，让其发酵两三天后，加入清水盖上盖子，隔一两天后便成青稞酒了。青稞酒色泽橙黄，味道酸甜，酒精成分很低，类似啤酒。喝青稞酒讲究"三口一杯"，即先喝一口，倒满，再喝一口，再斟满，喝上第三口，斟满干一杯。一般酒宴上，男女主人都会唱着酒歌敬酒。盛大宴会上，有专门的敬酒女郎，藏语叫"逍勐"，她们穿着华丽的服饰，唱着最迷人的酒歌，轮番劝饮，直到客人醉倒为止。

牦牛肉干

西藏牦牛多活动在海拔4000～5000米的高海拔地区。它们吃天然草（包括冬虫夏草、中药草等多种补益的高原植物）、饮雪山天然矿泉水。牦牛肉干以自然放养半野生雪域牦牛肉为原料，含有丰富的多种人体必需的营养素，比普通牛肉营养更丰富，经独特的生产工艺精心加工而成，具有高原的特殊风味，味道鲜美，是一种高蛋白、低脂肪的绿色保健肉制品。

▼ 牦牛肉干

红花羊排

将少量藏红花放入冷水中浸泡，羊排骨切成块状，在化好的酥油中烧好，放入盐、生姜、水，快要烧熟的时候加上事先浸泡好的藏红花和水搅豆粉，再烧至出沸泡即可端上菜碟。

▲ 红花羊排

糌粑

糌粑是藏族的主食。藏族人一日三餐都有糌粑。实际上糌粑就是用青稞制成的炒面。它是将青稞麦炒熟、磨细，不经过筛滤而成的炒面，与我国北方制作的炒面有点相似，区别是北方的炒面是先磨后炒，而西藏的糌粑却是先炒后磨，而且不除皮。

吃糌粑时，先在碗里放上一些酥油，冲入茶水，添上炒好磨细的青稞面，然后用手将面与茶水搅拌在一起。搅拌时，要注意先用中指将炒面向碗底轻捣，以免将茶水溢出碗外；然后轻轻转动手中的碗，并用手指紧贴碗边将炒面压入茶水中；待炒面、茶水和酥油拌匀，能用手捏成团，就可以进食了。

▼ 糌粑

玛吉阿米酒吧

　　玛吉阿米酒吧坐落在八廓街的一个转角处，除了外墙被涂成鲜艳的明黄色以外，看不出它与周围房屋的不同，如果不是刻意，恐怕即使在它身边经过也不易发觉。"玛吉阿米"这个名字，是个很热的词汇，在旅行者心中，象征着浪漫的爱情。玛吉阿米酒吧知名度并不亚于西藏其他一些著名的地方，虽然只是一个小小的酒吧，这里却是许多驴友进藏后的一个必去之处。"玛吉阿米"是流传在藏区的一个美丽的传说，意为圣洁母亲、纯洁少女，或可引申为美丽的遗梦。对西藏历史和文学有所了解的人都知道一个响亮的名字——六世达赖喇嘛仓央嘉措。

那一天，在香雾缭绕的大殿，我蓦然听见你诵经的真言；

那一月，我摇动所有的经筒，不为超度，只为触摸你的指尖；

那一年，我磕长头匍匐在山路，不为观见，只为贴着你留下的温暖；

那一世，转山转水转佛塔，不为修来生，只为途中与你相见……

▲玛吉阿米酒吧的美食

这是康熙时期六世达赖仓央嘉措最震撼人心的一首诗。仓央嘉措不仅是西藏历史上一位杰出的宗教精神领袖，还是一位才华横溢的浪漫主义诗人。相传仓央嘉措为了寻找至尊救世度母，跋山涉水走遍了藏区。有一天在拉萨八角街一个小酒馆休息，门外一个月亮般娇美的少女掀帘窥望，"在那东山顶上，升起皎洁月亮，玛吉阿米的面容，渐渐浮现心上"—— 仓央嘉措写玛吉阿米的动人诗篇流传至今。拉萨"玛吉阿米"酒吧所在的那黄色的小楼，相传就是当年仓央嘉措与玛吉阿米相遇的地方。

▼ 玛吉阿米酒吧的美食

Shopping 购物

　　西藏的地毯、刀、卡垫、围裙、民族服装、民族鞋帽、金银首饰，以及各种传统手工艺品，均为传统手工艺制作，具有浓厚的地方风格和民族特色。拉萨的八廓街（八角街）是拉萨最著名的小商品街，也是拉萨古老而神圣的地方，在八角街上可以转好久，可以买些纪念品，记得一定要砍价。此外，在八角街上还可以品尝正宗的藏式饮食。

▼ 拉萨八廓街

拉萨八廓街

八廓街，又名八角街，位于拉萨市旧城区，是拉萨著名的转经道和商业中心，较完整地保存了古城的传统面貌和居住方式。八廓街原街道只是单一围绕大昭寺的转经道，藏族人称为"圣路"。现逐渐扩展为围绕大昭寺周围的大片旧式老街区。八廓街是围绕大昭寺修建的一条拉萨最繁华的商业街。

八廓街临街的房子几乎

▲八廓街金银首饰

都是商店，稀奇古怪的商品向人们展示了藏族人生活的方方面面，比如与宗教有关的商品有唐卡、铜佛、转经筒、酥油灯、经幡、经文、念珠、贡香、松柏枝等。生活用品更是林林总总，如卡垫、氆氇、围裙、皮囊、马具、鼻烟壶、火镰、藏被、藏鞋、藏刀、藏帽、酥油、酥油桶、木碗、青稞酒、甜茶、奶渣、风干肉等。各种民族旅游商品集中在周长仅1000多米的八廓街，可谓物美价廉。

藏红花

藏红花采自海拔5000米以上的高寒地区，藏红花又叫番红花或西红花，原产地在希腊、小亚细亚、波斯等地。《本草纲目》记载："藏红花即番红花，译名泊夫兰或撒法郎，产于天方国。""天方国"即指波斯等国家。番红花是经印度传入西藏，由西藏再传入我国内地。所以，人们把由西藏运往内地的番红花，误认为西藏所产，称作"藏红花"。近年来，科学家发现藏红花的花蕊中含有的藏红花酸、藏红花醛、藏红花素和藏红花苦素等都具有较

▼ 藏红花

强的抗癌活性，特别对于血癌细胞、扁平细胞瘤和软组织肉瘤等都具有较强的抑制作用。

转经筒

▲ 转经筒

转经筒又称"嘛呢"经筒、转经桶等，与六字真言（"六字大明咒"）有关。藏传佛教认为，持颂六字真言越多，越表对佛的虔诚，可得脱轮回之苦。因此，人们除口诵外，还制作"嘛呢"经筒，把"六字大明咒"经卷装于经筒内，用手摇转。藏族人民把经文放在转经筒里，每转动一次就相当于念颂经文一次，表示反复念诵着成百上千次的"六字大明咒"。有的还用水力、灯火热能，制作了水转"嘛呢"筒、灯转"嘛呢"筒，代人念诵"六字大明咒"。

一踏上西藏的土地，就能到处看到一个个手摇各色转经筒的藏民，他们大都身穿色彩缤纷的藏袍，有的体形高大，手中摇动的转经筒也很大，手柄很长，腰间系着的腰带上有个牛皮小套，把长手柄的另一端放在这个皮套里，然后右手扶在转经筒下，使它轻轻地顺时针转起来，这种转经筒通常都以木质为主。白发苍苍的老人手中转动的经筒感觉很轻巧，这种一般是骨头或是金属制的，做工比较讲究。有的外面还罩有一个布套，那里面的转经筒则很珍贵，大多镶有宝石。

吞巴的藏香

　　吞巴的藏香闻名遐迩。吞巴在拉萨以西100公里左右的地方，从远处雪山融化的冰雪，形成一条小河，日夜不停地滋润着这块土地，为这块宁静的山谷带来了灵动，创造了传奇。藏香大多是藏医师们按照藏医书中记载的方法研制的，主要采用价格昂贵的麝香、穿山甲、檀香、肉豆蔻、野丁香等药品，渗进草果、樟脑、沉香、芸香、黑香、白芸香、茯苓、冬青子等药品炮制成粉，调和为泥状，再加工成人们所用的藏香，用它防治传染病、流行病等。

吞巴藏香 ▶

西藏被称为"歌舞的海洋",民间歌舞五光十色,风格各异。当你来到拉萨,在当地的旅馆和饭店均可以欣赏到藏族人民的歌舞表演。为丰富旅游者在藏晚间娱乐活动,拉萨当地的旅游接待者大多会安排精彩的表演。你如果有兴致还可以和藏族人民一起欢歌笑语,加入到他们中间,和他们一起跳一段藏舞、唱一首藏歌,体验他们的快乐和生活,使自己的西藏之旅丰富多彩。在西藏还有许多浓烈民族气息的传统民族节日,雪顿节、藏历新年、燃灯节、驱鬼节等都是西藏最重要的节日,如果你在世界屋脊观赏民间歌舞演出和欢快的节日活动,确是一次难得的艺术享受和人生体验。

西藏民族风情演艺

西藏民族歌舞丰富多彩,风格各异,品种繁多,被誉为"歌舞的海洋"。从舞蹈的角度来讲,大体可分为"谐"——歌舞,"卓"——舞蹈,"噶尔"——乐舞,"羌姆"——跳神(宗教舞)等四大类。来自全国乃至全球各地的游客,到了拉萨,可以到朗玛厅(藏式歌舞厅)领略藏族歌舞。朗玛厅最大的特点是有专门的歌唱演员和舞蹈演员来唱歌

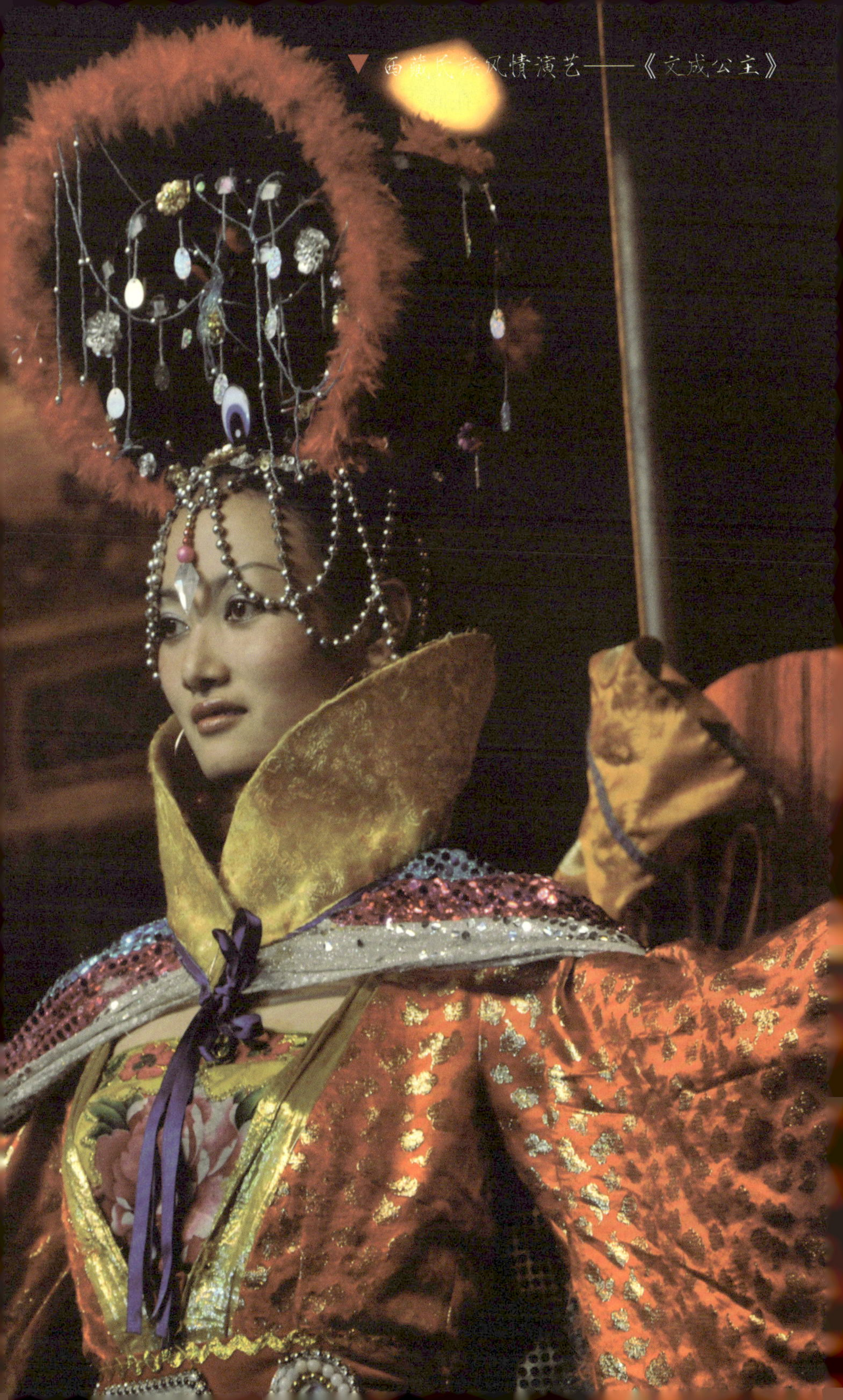

▼西藏民族风情演艺——《文成公主》

和表演。客人在底下劝酒或尽情说笑时，演员们尽情唱歌和跳舞，不能把场子冷下来。如果你高兴上台演唱或跳舞，演奏员马上给你伴奏乐器。《大美西藏》、《文成公主》是比较具有代表性的西藏民族歌舞。目前，游客可以在拉萨市区的喜马拉雅、唐古拉风、容中尔甲等朗玛厅观看精彩的西藏民族风情表演。

藏历新年

藏历年的确定，是与藏历的使用有密切关系的。藏历年的正式使用，是在900多年前，即农历丁卯年（公元1027年）开始的。从此，藏历的用法便沿袭下来。

藏族人民从藏历十二月份就作过年准备，这时家家户户开始在盆中浸泡青稞种子，到了除夕晚上，各家在佛像前摆好各种食品，为了使节日期间有充足、丰富的食品，在这天晚上，全家人要忙碌到深夜。农历初一，为藏历新年的第一天，他们做的第一件事，就是各家派人到

▼ 藏历新年人们盛装表演

庆祝酥油花灯节

河边背回新年的第一桶水——吉祥水，从初二开始，亲朋好友身穿节日礼服，彼此走访，拜年祝贺，此活动持续三五天。藏历新年期间，在广场或空旷的草地上，大家围成圈儿跳锅庄舞、弦子舞，在六弦琴、钹、锣等乐器的伴奏下，手拉手、人挨人地踏地为节、欢歌而和，孩子们则燃放鞭炮，整个地区沉浸在欢乐、喜庆、祥和的节日气氛之中。

酥油花灯节

　　藏历元月十五日，也是传昭大法会的最后一天，是藏族人民规模宏大、绚丽缤纷的酥油花灯节。白天，人们到各寺朝佛祈祷；夜晚，拉萨八廓街举行酥油花灯会，满街搭起各种花架，上面摆满五颜六色的各种神仙、人物鸟兽和花木形象，还有木偶表演。花灯点燃之后，宛若群星降落，闪闪烁烁，一片辉煌。西藏各地方官员、群众也赶来看花灯。夜间，郊区农人载歌载舞，进行对歌比赛。酥油花灯节有时延续几天才能结束，这是拉萨热闹、快活的节日。

雪顿节

　　雪顿节是西藏最重大的传统节日之一。"雪顿"的意思就是酸奶。雪顿节在17世纪以前是一种纯宗教的节日活动，按藏传佛教格鲁派的规定，每年的藏历六月为禁期，全藏大小寺院的僧尼不准外出，以免踏伤小虫，到藏历七月一日解禁的日子，他们纷纷下山，这时农牧民要拿出准备好的酸奶敬献。这就是雪顿节的由来。

　　节日期间，藏族人民三五成群，男女老少相携，背着各色包袱，手提青稞酒桶，有的还搭起帐篷，地上铺上卡垫、地毯，摆上青稞、菜肴等节日食品涌入罗布林卡内。近年来，自治区各机关单位还将大型的文艺活动、学术研讨和经贸交流会等安排在雪顿节期间，使场面更加热闹非凡。

▼ 人们在欢度雪顿节

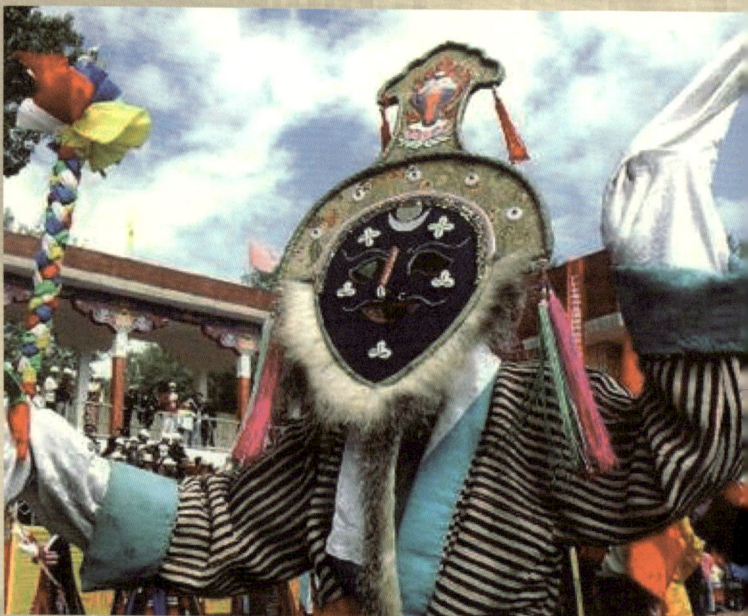

▲ 望果节

望果节

　　望果节是藏族人民一年一度祝农业丰收的节日。"望"，藏语意思是田地、土地，"果"意为转圈，"望果"是译音，意为绕地头转圈，也就是"转庄稼地"的节日。望果节广泛流行于西藏农区。雅鲁藏布江中游和拉萨河两岸的农村，非常盛行过望果节。其他地方也有，但节日称呼有所区别：拉孜、定日一带，称为"雅吉"，即舒服的夏日；工布巴拉雪山周围是半农半牧区，称为"帮桑"，即吉祥草地。时间差不多，都在庄稼黄熟、准备开镰之前举行。望果节是藏族重要的文化现象，它的来历、仪式、地域性特色多姿多彩。

每年这天，藏族人民都身穿节日盛装，有的打着彩旗，有的抬着青稞、麦穗扎成的丰收塔，丰收塔上系着洁白的哈达，有的举着标语，有的敲锣打鼓，唱着歌曲和藏戏。然后人们携带帐篷、青稞酒，一边说古道今，一边狂欢畅饮。有的还举办传统的赛马、射箭、赛牦牛、骑马拾哈达和歌舞、藏戏比赛。商业部门也组织物资交流，供应民族特需商品和日用百货，收购土特产品。望果节过后，人们就开始紧张的秋收播种。

沐浴节

每年藏历七月，拉萨市民在拉萨河边洗浴，藏民族一年一度的沐浴节开始了。沐浴节为7天，这7天中，每到日落西山之时，一群接着一群的男女老少，全家出动，扶老携幼，纷纷来到河

▼ 正在沐浴的人们

溪之中，尽情地在水中嬉戏、洗澡、游泳。拉萨市北郊的夺底沟恐怕是游客们很少涉足的地方了，但就是在这样一个深山沟里，却有着最热闹、最多彩、最撼人眼球的沐浴节场景。别看这里人群密集，但在这里洗澡的阿妈、阿佳（姐姐）们可是一点也不害羞，她们大都裸露着上身，有的甚至只穿一条贴身短裤，尽管无处遮挡，但丝毫也不在意。

传说在很久很久以前，草原上出了一个很有名的医生，他的名字叫宇托。他的医术十分高明，什么疑难杂症都能治。草原上到处传颂着宇托医生的名字，人们称他为药王。药王宇托去世以后，草原上遭到了可怕的瘟疫，许多人都病死了。一天，一个生命垂危的妇女，突然做了一个梦，梦中宇托医生对她说："明天晚上，当东南天空出现一颗明亮的星星的时候，你可以下到吉曲河里去洗澡，洗澡以后病就会好起来。"果然，这个妇女在吉曲河中洗澡以后，疾病立刻消除了。这件奇事传开以后，所有的病人都来到河中洗澡。凡是洗澡的病人，都消除了疾病，恢复了健康。人们说，这颗奇特的星星就是宇托医生变的。从此，藏族人民就把这7天定为沐浴节。每年这个时间，各地的牧民们都到附近的河水里洗澡。据说洗澡以后，人就健康愉快，不生疾病。

初入西藏的高原反应

高原反应因人而异，未上高原前很难预知。身体弱者未必反应大，体魄健壮者未必无反应。每个人的反应表现形式也各不相同。一般情况下，瘦人好于胖人，女士好于男士，矮个子好于高个子，年轻者好于年老者。刚到高原，每个人都会感到不同程度的气短、胸闷、呼吸困难等缺氧症状。但这并不说明你不适应高原，如果能够正确地保护自己，2～4天后，一般都可使上述症状好转或消失。如果持续感觉不适就应该上医院治疗。最重要的就是不要背着心理恐惧的包袱上高原。吸氧能暂时解除胸闷、气短、呼吸困难等症状，但停止吸氧后症状又会重新出现，会延缓适应高原的时间。假若你上述症状不很严重的话，建议最好不要吸氧，这样可以使你更快适应高原环境。

初到高原的前几天，不要频频洗浴，以免受凉引起感冒。感冒常常是急性高原肺水肿的主要诱因（在缺氧状态下不易痊愈）。常年坚持体育锻炼而身体素质较好者，高原反应甚微，且能很快自愈，但也不可因此大意而逞强。总之，无论男女老幼、体强体弱，保持健康、乐观的心态至关重要，只要你能遵循上述几点，就会在进藏后很快驱除高原反应的困扰，乘兴而来，尽兴而归。

B 日喀则篇

RiKaZe

▶ ▶ ▶

日喀则

藏语意为"最好的庄园"。日喀则距今已有500余年历史，是历史上后藏的政治、宗教、文化中心，也是历代班禅的驻锡之地。它位于祖国西南边陲，青藏高原西南部，西衔阿里，北靠那曲，东邻拉萨与山南，外与尼泊尔、不丹等国接壤，国境线长1753公里。全地区国土面积18.2万平方公里，平均海拔4000米以上。日喀则地区现设1个县级市（日喀则市）、17个县和1个口岸（樟木口岸）。

日喀则地处河谷地带，农业发达，是"西藏的粮仓"之一。今日的日喀则城市建设日新月异，公路交通四通八达，从日喀则继续南行，就可到达世界第一高峰——珠穆朗玛峰。独特的地理环境与区域气候造就了别具特色的物产资源，日喀则地区药材资源丰富，常用药材品种有虫草、贝母、天麻、雪莲花、红景天等300多种。矿产资源开发前景较为乐观，太阳能资源丰富。旅游产业潜力巨大，珠穆朗玛峰、扎什伦布寺、萨迦寺等驰名中外。日喀则一带日光充足，气候温和，这里的天气和旅游设施都比较好，所以任何时候都可以到这里欣赏美丽的风光。一年一度的扎什伦布寺展佛节、跳神节、夏鲁寺的西姆钦波节和藏戏演出，均以其独特的风格享誉于世。日喀则以其古老的文化、雄伟的寺庙建筑、壮丽的自然景观、优越的地理位置，成为西藏地区最有吸引力的旅游胜地之一。

Travel | 旅游

　　从拉萨沿雅鲁藏布江溯流而上，沿途有西藏三大圣湖之一的羊卓雍湖，镶嵌于群山之中；而扎什伦布寺则是日喀则的象征，寺院依山而筑，壮观雄伟，可与布达拉宫媲美，是历代班禅的驻锡地；江孜的白居寺拥有众多佛塔，被誉为"西藏塔王"，寺内的壁画总观结构连贯，局部看自成一体，十分和谐，白居寺和西藏的文化宝库萨迦寺都是西藏的宗教中心，是爱好旅游的你必去的地方。在这里还有为人们所敬仰的宗山抗英遗址。从日喀则继续往南走，将到达美丽的冰川世界及"世界第一高峰"——珠穆朗玛峰。日喀则往北则直达那曲，往东至拉萨、山南，西进则可直抵阿里，可谓是沿途风光无限。

珠穆朗玛峰

　　珠穆朗玛峰，藏语意为"圣母"，海拔8848.13米，为世界第一高峰，位于喜马拉雅山中段之中尼边界，西藏日喀则地区定日县正南方。峰顶终年积雪，一派圣洁景象。

名字由来　　藏语"珠穆朗玛"就是"大地之母"的意思。神话说珠穆朗玛峰是长寿五天女所居住的宫室。经常看到的英文说法，叫Mount Qomolangma或Qomolangma Mount 。西方普遍称作额菲尔士峰(Mount

▲珠穆朗玛峰高度测量纪念碑

Everest），是纪念英国人占领尼泊尔之时，负责测量喜马拉雅山脉的印度测量局局长乔治·额菲尔士(George Everest)。

高度测量　　1999年美国国家地理学会使用全球卫星定位系统测定了一次珠穆朗玛峰的高度，认为珠峰的海拔高度是8850米。而世界各国曾经公认的珠穆朗玛峰的海拔高度由中国登山队于1975年测定，是8848.13米。外界也有8848米、8840米、8850米、8882米等多种说法。2005年5月22日，中国再次精确测量珠峰高度，珠峰新高度为8844.43米，同时停用1975年8848.13米的数据。值得注意的是，虽然2005年的测量值比1975年的测量值要低，但并非是珠峰的海拔降低了，而是因为测量的误差降低了。事实上，随着时间的推移，珠穆朗玛峰的高度还会因为地理板块的运动而不断升高。

问鼎珠峰　　1953年5月29日，艾德蒙•希拉里与丹增诺盖首次问鼎珠峰。艾德蒙•希拉里1919年生于新西兰的奥克兰。他自幼喜欢登山和探险活动，并在中学时开始登山探险的实践。1953年5月29日，34岁的艾德蒙•希拉里和同伴丹增诺盖一起，从珠穆朗玛峰尼泊尔一侧，即南侧攀登，第一次站在了世界之巅。他回忆道："我们不知道人类是否会登顶世界之巅，所以我们使用了氧气，到了顶峰后，我们也不知道是否能够下来。"他曾经把自己的登山与探险经历写成书，并因这部书而获奖，但是他说："我不认为我是个十分伟大的作家，就描写我的登山生涯而言，我只是觉得自己是一个称职的作者。"为纪念艾德蒙•希拉里，新西兰5元正面

▼ 艾德蒙•希拉里与丹增诺盖

为他的肖像。

丹增诺盖出生在珠峰东侧康雄谷地的一个尼泊尔藏族牧民家庭，靠放牧牦牛为生。一场疾病使得家中的牦牛全部死亡，全家陷入贫困之中。于是，丹增诺盖的父亲将他抵押给了尼泊尔边境小镇的一家夏尔巴人做契约佣工。1953年4月，英国登山队在珠峰南坡5356米处建立了大本营，经过40多天的努力，在8500米处建立了突击营地。希拉里与丹增诺盖被分为第二组出发。5月26日由于风雪大作，第一组队员受挫。5月29日，气候转好，上午6:30，希拉里和丹增诺盖出发冲顶。经过5个小时的努力，于11:30登顶成功，这是人类首次攀登上珠穆朗玛峰的峰顶。两人在峰顶展示了联合国、印度、尼泊尔和英国国旗。

圣火传递　　　2008年5月8日，中国登山队圣火传递珠穆朗玛峰突击队员，成功地把圣火从8300米突击队营地传递到了珠穆朗玛峰峰顶，创造了人类奥运历史上的奇迹。北京奥运祥云火炬在珠峰传递过程中，第一棒吉吉，第二棒王勇峰，第三棒尼玛次仁，第四棒王春贵。最后一棒是次仁旺姆，次仁旺姆接过最后一棒，站在世界之巅，展示北京奥运的祥云火炬。登山队员还在珠峰峰顶展示中华人民共和国国旗、奥运五环旗和北京奥运会会徽旗。

▲ 中国登山队圣火传递
珠穆朗玛峰突击队员

旅游路线 从拉萨进入珠峰大本营的路线是：从拉萨到珠峰一路行程（单程）只有650公里左右。但是，考虑到那里的气候和路况，一天之内跑完很困难，所以建议，拉萨—珠峰（往返）约1300公里的行程：第一天，拉萨—日喀则，宿日喀则；第二天，日喀则—珠峰，宿珠峰绒布寺（珠峰大本营）；第三天，珠峰—日喀则（拉萨）。珠峰远在中尼公路南大约100公里的过境线上，从日喀则乘坐公共汽车到新定日不是很困难，但是从新定日到珠峰大本营的100公里，没有固定的班车路线，也很难搭上便车，所以建议从拉萨包车前往。

珠峰大本营旅游需要在新定日路口的旅馆办理进山手续，租车前往珠峰或自驾车前往，到了定日珠峰路口，买门票时每人180元。值得注意的是，汽车进入珠峰大本营需要收取环保费用，其收费标准是大车600元，小车400元（门票和环保费用淡季半价，淡季时间为每年的11月1日至次年的3月25日）。离珠峰大本营4公里处只能下车乘坐环保车前往（25元往返，淡季不提供环保车）。

羊卓雍措

羊卓雍措，也称羊卓雍湖（当地人通常简称"羊湖"）。羊卓雍措，藏语意为"天鹅池"，是西藏三大圣湖之一，湖面海拔4410米，东西长130公里，南北宽70公里，湖岸线总长250公里，总面积638平方公里，湖水均深20～40米，是喜马拉雅山北麓最大的内陆湖。从地理上划分，一部分属于日喀则地

▼ 秀丽的羊卓雍湖

区，而另一部分则属于山南地区的浪卡子县，但是很多游客选择去日喀则地区旅游时都取道这里，因此很多情况下将其列入日喀则的景区。

风景秀丽　　羊湖湖滨是优良的牧场，多牧群及野生动植物，周围5000米海拔的山上有雪猪，草滩上偶尔会遇到野羊和狐狸。此外，羊湖还有西藏最大的人工养殖渔场，以养殖高原裂腹鱼、高原裸鲤为主。湖中有大小岛屿21个，岛上生活着各种候鸟，使这里成为西藏最大的水鸟栖息地。湖西有宁金抗沙峰等三大雪峰。此峰高7206米，是后藏地区最重要的神山，也是西藏传统四大神山之一。另外，世界上海拔最高的抽水蓄能电站——羊湖电站即坐落于此。

旅游路线　　从拉萨出发，过曲水大桥，往左转是去贡嘎机场，往右走就是去羊卓雍湖的道路，路的右边可以看到羊湖电站。下岗巴拉雪山不远有一段很长的沿湖公路，在此停车驻足，进行一小段徒步甚至露营湖旁是走近羊湖、感受羊湖的最佳方式。羊湖与雅鲁藏布江相隔一山，最近处仅宽6000米，但两者的水位高差竟达800余米，水力资源非常丰富。

桑顶寺　　在羊卓雍湖偏西的南岸，浪卡子县城往北约10公里处是桑顶寺。桑顶寺有长达300多年的历史，由西藏唯一的女活佛多吉帕姆住持。"多吉帕姆"藏语意为"金刚亥母"，其活佛转世传承制度已延续了十二世，属藏传佛教噶举派香巴噶举支派，即"白教"。

美丽传说　　人们崇奉羊卓雍湖更多的是将她奉为羊卓雍措达钦姆，是藏区的女护法神。因此，羊卓雍措既是龙女的化身，又是女护法神的驻锡地，兼具多重功能和神力。传说中的羊卓雍措是一个仙女下凡人间后变成的。又说，很久以前这里只是个泉眼，附近住着一家富人，家中的佣人叫达娃。一天达娃在泉边救了一条小金鱼，小金鱼变成一位美丽姑娘并送给达娃一件宝贝，主人发现后，硬要达娃带他到泉边找宝贝和姑娘。没达到目的，富人将达娃推进泉眼淹死。此时姑娘出现了，并变成无边的波涛向富人袭来。富人得恶报，从此这里形成了一泓碧蓝清澈、妖娆无比的湖泊。

樟木镇

　　樟木镇位于中尼边界，是中尼贸易口岸。樟木地处中尼边境喜马拉雅山中段南麓沟谷坡地，海拔2300米，是一座依山而建的小镇。周围自然环境很美，现代化建筑和一些古老的木结构房屋依山交替地散落在盘山而下的公路两侧。樟木，古称"塔觉嘎布"，藏语意为"邻近的口岸"，是茶马古道一条重要的分支延长线。它东南西三面与尼泊尔接壤，距拉萨736公里，距加德满都120公里。

樟木一带属于亚热带地区，气候潮湿，风景宜人。其建筑以二、三层的小楼房为主，材质有石料、木板以及砖混等。樟木镇依山坡而建，街道拐弯很多，坡度也比较大。整个镇的房屋布置比较随意，高低错落明显，层层紧挨，全由街道和石阶相沟通。

大多数屋顶都有小花园和铁皮屋顶，各种风马旗布满屋顶，将整个城镇打扮得花花绿绿的，在周围青山绿水和白云的环抱中，显得非常醒目。风马旗是西藏高原上一道独特的风景，藏区人民无论喜庆生辰、逢年过节，都要插挂五彩风马旗，象征着天、地、人、畜的和谐吉祥。作为一个非常繁忙的通商口岸，镇里车水马龙，常常水泄不通。公路两旁，商店密密麻麻约有几百家，经营各种各样的物品，能看到不少印

▼ 尼泊尔TATA货车

度、尼泊尔等地的舶来品。街上常能见到五颜六色的尼泊尔TATA货车，除藏族和汉族外，还有很多印度人和尼泊尔人，各种肤色的游客、商人来来往往。

扎什伦布寺

扎什伦布寺，藏语意为"吉祥须弥寺"。扎什伦布寺是西藏日喀则地区最大的寺庙，位于日喀则市城西的尼玛山东面山坡上。扎什伦布寺为四世之后历代班禅驻锡之地。它与拉萨的"三大寺"——甘丹寺、色拉寺、哲蚌寺合称藏传佛教格鲁派的"四大寺"。四大寺以及青海的塔尔寺和甘肃的拉卜楞寺并列为格鲁派的"六大寺"。扎什伦布寺是全国著名的六大黄教寺院之一。

建筑结构　　扎什伦布寺占地面积15万平方米，周围筑有宫墙，宫墙沿山势蜿蜒迤逦，周长3000多米。寺内有经堂57间，房屋3600间，整个寺院依山坡而筑，背附高山，坐北向阳，殿宇依次递接，疏密均衡，和谐对称。

沧桑历史　　扎什伦布寺曾经经历过尼泊尔入侵者的抢掠与破坏。1788年和1791年，廓尔喀（尼泊尔）侵略军两次入侵西藏，尤其是在第二次入侵中，由于清朝在西藏驻军不多，廓尔喀军队一度占领了后藏地区，并在扎什伦布寺大肆抢掠，达赖和班禅相继向乾隆皇帝求援。乾隆闻讯后急调大将军福康安率1万多名清军收复失地。福康安率军星夜兼程赶往西藏，每天要强行军18个小时，清军的迅速行动大大出乎廓尔喀侵略军的预料，结果清军"六战六捷，杀敌四千，收复后藏"，并乘胜打过喜马拉雅山，兵临加德满都（尼泊尔首都）城下。绝望中的廓尔喀国王不得不求和，表示愿意臣服清朝，永不再进入西藏，此后两国再未交兵。现在，扎什伦布寺内有一块立于1794年的青石碑，记述清军于1791年（乾隆五十六

▲八思巴拜见忽必烈

年）在此击败廓尔喀侵略军之战役，是重要的史料。

修建灵塔　　由于寺内五世至九世班禅灵塔在十年动乱中遭破坏，于是在1985年，经国务院批准并拨专款780万元，由十世班禅大师主持修建五世至九世班禅合葬灵塔。1988年12月灵塔祀殿竣工，定藏名"班禅东陵扎什南捷"。十世班禅大师亲自主持开光大典。灵塔祀殿建筑面积近2000平方米，高33.7米，建筑形式与手法以藏族古代宗教建筑形式为主，亦融入了唐代、清代的建筑风格。殿墙以花岗岩砌筑，厚达1.8米。灵塔高11.52米，通体鎏金并裹以银皮，上嵌大量珠宝，雕饰华丽。

《八思巴拜见忽必烈》图　　扎什伦布寺清代壁画《八思巴拜见忽必烈》图，记载着元宪宗二年（公元1252年），忽必烈召请八思巴至军中，洽商西藏宗教首领与蒙古皇室关系，被奉为上师。宪宗九年（公元

1259年），八思巴到京师拜见忽必烈，次年被封为国师。八思巴是萨迦派第五祖，是西藏萨迦政权的创始人，是第一任萨迦法王。他对西藏与祖国的统一、蒙文的创制、佛教开始传入内蒙古及华北等地、萨迦派在西藏的兴盛、西藏与内地的文化交流作出了巨大贡献。八思巴著作甚丰，达30余册，其中以《彰所知论》最为著名。

"色莫钦姆羌姆"表演 "色莫钦姆羌姆"是西藏日喀则地区扎什伦布寺僧人表演的藏传佛教格鲁派羌姆，每年的藏历八月举行。在藏语中，"色莫"是观赏的意思，"钦姆"是大型的意思，"色莫钦姆羌姆"即观赏大型宗教舞蹈之意。

▼ 扎什伦布寺羌姆

羌姆的起源众说纷纭。传说，佛教传入西藏，在西藏建造第一座寺庙——桑耶寺时，四面八方的鸟畜都来帮忙，其中有一头大青牛，勤勤恳恳地苦干，出力甚大。可是，寺庙建成后的庆功大会上惟独忘记了大青牛。于是，大青牛气愤至极，对天怒吼之后，用尽全身的气力，撞到庙台死去。大青牛死后托生成了人，这个人就是吐蕃五朝时三大法王之一的赤热巴中的哥哥——达玛。他继承了弟弟的王位后，下令杀戮僧侣，拆毁寺院，焚烧经书，使佛教面临崩溃的边缘。一些幸免于难的僧侣不甘心佛教的毁灭，决心要复兴佛教。其中有一位智勇超人的英雄叫巴拉尔道尔吉，想出了跳羌姆除暴主的办法。他头戴面具，身穿黑色的袈裟，袖中藏着弓箭，天天来皇宫附近跳舞。达玛不知不觉被优美的舞姿吸引，身体便探出楼台，巴拉尔道尔吉趁机取出袖中的弓箭射死了达玛这个暴君。后来，人们为了纪念这个复兴佛教的英雄，每年都在寺庙跳羌姆，旨在打鬼驱邪，拔除不祥。就这样，羌姆便流传下来了。

萨迦寺

萨迦寺坐落于日喀则地区萨迦县奔波山上，是藏传佛教萨迦派的主寺。"萨迦"系藏语音译，意为"灰白土"。公元1073年（北宋熙宁六年），吐蕃贵族昆氏家族的后裔贡却杰布（1034—1102）发现奔波山南侧的一山坡，土呈白色，有光泽，现瑞相，即出资建起萨迦寺，逐渐形成萨迦派。萨迦寺用象征文殊菩萨的红色、象征观音菩萨的白色和象征金刚手菩萨的青色来涂抹寺墙，所以萨迦派又俗称为"花教"。

萨迦派　　萨迦派采取血统和法统两种传承方式。贡却杰布卒后，其子贡噶宁布（1092—1158）主持萨迦寺。贡噶宁布学识渊博，使萨迦教法趋于完整，被尊称为"萨钦"（萨迦大师），为该派初祖。贡噶宁布的次子索南防摩为萨迦二祖。三子扎巴坚赞主持萨迦寺57年，为三祖。四子贝钦沃布的长子萨班贡噶坚赞是萨迦派著名的人物，简称萨班，为四祖。

兴建　公元13世纪初期，以成吉思汗为首的蒙古部落兴起，用武力统一了中原。1240年，元朝阔端进兵西藏前，欲召见在各教派中声誉较高的萨班贡噶坚赞。1244年，萨班贡噶坚赞率侄子八思巴（1235—1280）去凉州（今甘肃武威）。1247年，在凉州会见阔端，并写信说服西藏各派高僧和贵族接受了元朝的对藏条件，把西藏正式纳入了中国的版图，并于1268年在萨迦正式建立起与中国其他行省相同结构的地方政权，八思巴成为隶属于元朝中央政府的西藏地方行政长官，萨迦派势力达到鼎盛时期。14世纪后半叶，随着元朝的灭亡，萨迦派在西藏的地位被噶举派取代，但该派仍然维持下来。

▼ 萨迦寺

建筑结构 萨迦寺建筑在仲曲河两岸，故称萨迦南寺和萨迦北寺。全寺共有40余个建筑单元，是一座规模宏伟的寺院建筑群。公元1073年贡却杰布初建萨迦北寺时，结构简陋，规模很小。后经萨迦历代法王在山坡上下不断扩建，加盖金顶，增加了许多建筑物，从而形成了逶迤重叠、规模宏大的建筑群。八思巴被元中央政府封为"帝师"，统领西藏后，萨迦北寺又成为西藏地方政权机关所在地。

白居寺

白居寺是汉语名称，藏语简称"班廓德庆"，意为"吉祥轮大乐寺"，位于日喀则地区江孜县境内。白居寺始建于明宣宗宣德二年（1427年），历时10年竣工。它是一座塔寺结合的典型的藏传佛教寺院建筑，塔中有寺、寺中有塔，寺塔天然浑成，相得益彰。它的建筑充分代表了13世纪末至15世纪中叶后藏地区寺院建筑的典型样式，也是唯一一座完整保存到今天的寺塔，拥有具纪念碑性质的大型建筑群，因而有西藏塔王之称。白居寺是藏传佛教的萨迦派、噶当派、格鲁派3大教派共存的一座寺庙。

措钦大殿 寺内的措钦大殿有500多年的历史了。经堂的正殿供奉三世佛，它的两侧还有东、西净土殿。因为要兼容花、白、黄三教，因而全寺塑像的风格也不同于别处，此殿表现最为明显。经堂西北有一尊强巴佛的鎏金铜像，高8米，据说是用14000千克黄铜铸成的。殿高3层，底下是48根立柱的大经堂，立柱上挂满了年代久远的丝织唐卡佛像。措钦大殿的二层是拉基大殿，全寺最高级别的"拉基会议"就在这里举行。周围还有几间佛殿，觉登殿里的一尊直径3米的立体坛城与东厢殿里的文殊菩萨和十八罗汉塑像，都已经有500多年的历史了。在三层，有座叫夏耶拉康的

▲白居寺

佛殿，殿内的坛城壁画颇有名气，六菱圆形的莲花藻井也属罕见。

壁画与佛塔 白居寺壁画也是非常有名的，表现的题材十分广泛，主要包括显密二宗、佛传故事和本生故事等等，尤其是在绘画方法上较之西藏其他很多寺庙，独具特色。白居寺旁的白居塔有"十万佛塔"之美誉，白居寺就是因为这座佛塔才格外富有魅力。这可不是普通的佛塔，而是由近百间佛堂依次重叠建起的塔。塔有9层，高达32米多，有77间佛殿、108个门、神龛和经堂等，在中国建筑史上是独一无二的珍品。殿堂内绘有十余万佛像，因而得名"十万佛塔"。塔内另有千余尊泥、铜、金塑佛像，堪称佛像博物馆。

▼ 白居寺壁画

江孜宗山抗英遗址

江孜宗山抗英遗址位于日喀则地区江孜县城区的宗山上。1961年，中华人民共和国国务院公布江孜宗山抗英遗址为首批全国重点文物保护单位。

宗山建筑　　江孜周围地势平坦，宗山就显得鹤立鸡群，很有军事意义。加上江孜的海拔已经超过4000米，爬上宗山并不容易。所以，很早就在宗山上修筑城堡，建立江孜宗政府，作为拉萨的门户。藏语"宗"意为城堡、要塞，也是原西藏地方政权县级行政单位的名称。据民间传说，当时后藏人听说拉萨的布达拉宫无比辉煌，便想仿造一个，于是派工匠们将布达拉宫的图样刻在萝卜上，回去后按照模型盖起了一座宫殿。但怎么看都不如布达拉宫，原来从拉萨赶回日喀则时，那个萝卜模型已经干得缩小变形了。

电影《红河谷》拍摄　　因为电影《红河谷》，知道宗山城堡的人很多，但详细了解这段历史的就少了。根据资料，宗山抗英发生在光绪三十年（1904年）。光绪二十九年（1903年），由荣赫鹏率领的英国近万人的武装使团从印度、经锡金由亚东进入西藏，一路进攻，于1904年4月11日到达江孜。十三世达赖下令西藏军民抵抗，江孜境内16岁至60岁的男丁被紧急征召抗英。英军的目的是攻占拉萨，签订不平等条约，江孜是必经之路，宗山就成为必争之地。藏军以劣势武器在宗山城堡与围攻的英军激战，损失惨重。7月7日，宗山城堡失守。守卫宗山城堡的最后的藏军不愿被俘，全部跳崖。

江孜宗山英雄纪念碑　　宗山孤耸在江孜城区，地势险要，是江孜城的一

▼ 江孜宗山英雄纪念碑

个天然坚固屏障。为了抵抗英国侵略者，守山军民在山坡用大石块砌筑起一圈高5～8米、宽约4米的围墙，并沿墙及前崖修筑了许多炮台，曾给英军以沉重打击，最后全部壮烈献身。为了纪念这个光荣的事迹，现在在宗山前面的广场上，矗立起了一座江孜宗山英雄纪念碑，以缅怀一个世纪前的抗英英雄们。

帕拉庄园

帕拉庄园是目前西藏保存最完好的奴隶主庄园，位居十二大庄园之列。它是旧西藏贵族和农奴两种不同生活的真实写照，是旧西藏的缩影。帕拉全称帕觉拉康。西藏封建农奴社会的贵族分为赞普后裔、亚奚家族、第本家族等，帕觉拉康系第本家族。帕拉庄园属贵族庄园，原建于江孜江嘎村，1904年英军入侵时被焚毁，抗英战争结束后，帕拉庄园重建于江孜城西南年楚河的另一侧，距离江孜4公里的班久伦布村，随着帕拉家族权势的增大，帕拉庄园的规模日益扩展。帕拉原是不丹一个部落的酋长，因不丹内乱迁到西藏，并取得西藏地方政府官衔。其后代先后在西藏噶厦政府中任高官，家财雄厚。

建筑与陈设　帕拉庄园现存房屋57间，主体楼高三层，建筑配套完整，装修考究，设有经堂、会客厅、卧室，还有玩麻将的专用大厅。房内雕梁画栋，富丽堂皇。经堂陈设考究，经书、佛龛保存完好；卧室中，金银玉器琳琅满目；还有帕拉贵族当年遗留下来的名贵食品、餐具、进口酒、进口白醋、珍贵裘皮服饰，极尽奢华之能事，生动再现了帕拉家族当年的豪华生活场景。主体大楼中，陈列着皮鞭、脚镣等刑具，庄园中还保存着旧时的监狱，这是西藏贵族统治农奴的工具。

历史与现在　帕拉庄园主旺久当过林布寺小喇嘛，还俗后主持庄园的日常事务。他整顿庄园经济，扩充庄园规模，加强对农奴的统治。西藏民主改革以前，帕拉庄园共有附

▲帕拉庄园

属小庄园22个，牧场6个，农田8600多亩，牲畜14250多头，奴隶2440多名。1959年，帕拉旺久参与叛乱并外逃，其庄园理应全部没收，当时的江孜分工委考虑到帕拉庄园系西藏十二大庄园之一，具有特殊意义，对其进行了妥善的保护。随后，县委、县政府对其进行了多次维修。帕拉庄园是如今唯一保存完好的旧西藏贵族庄园。

日喀则地区其他主要景区（点）

亚东康布温泉　　康布温泉是西藏著名的治疗性温泉，经书中被称为"天下第二隐修地"。"康布"，汉语意思为"药王沟"。在不丹等地享有世界药王泉之声誉。康布温泉位于亚东县康布乡康布村的一条狭窄的山沟里，距亚东县城47公里，距日喀则市300公里。沿着康亚（康布—亚东）公路向北，在距帕里镇约27公里处即可进入温泉区。这里是以温泉疗养、休闲观光为主的生态旅游景区。温泉区域范围约5万平方米，植被茂盛，土质肥沃，富含矿物质。分布有12个泉眼，各个泉眼的水温药效各不相同，可以治疗风湿性关节炎、骨折、心脏病、头痛、麻风、妇科病、水肿等30多种疾病。目前，康布温泉12个泉眼都单独隔离成浴室，可以男女同浴，有回归自然的感觉。每年到温泉洗浴治疗的有上千人次，加上由上海对口支援投资新建的温泉理疗综合中心和康布电站的建成，进一步吸引更多的游客前来洗浴、旅游、治疗。

西夏邦马峰　　西夏邦马峰海拔8012米，是世界上14座8000米级高峰中的最后一位，也是唯一一座完全在中国境内的8000米级山峰。它坐落在喜玛拉雅山脉中段，东南距珠穆朗玛峰120公里，其东面是海拔7 703米的摩拉门青峰，西北面是7292米的岗彭庆峰，它们都在日喀则地区聂拉木县境内。"西夏邦马"在藏语里意思为"气候严酷"。然而，虔诚的藏族人民也有许多神话和歌谣称颂它为吉祥的神山。

绒布寺　　绒布寺的全称是"拉堆查绒布冬阿曲林寺"，始建于藏历铁牛年（公元1899年），由喇嘛阿旺旦增罗布创建（属红教）。绒布寺位于西藏日喀则地区定日县巴松乡南面珠穆朗玛峰下绒布沟东西侧的卓玛（度母）山顶，距县驻地90公里。寺庙海拔5800米，地势高峻寒冷，是

▲ 西夏邦马峰

世界上海拔最高的寺庙，所以景观绝妙。整个绒布寺依山而建，一共五层，现在仍在使用的只有两层。据说当初之所以把寺庙建得这么高，主要是图这里清静，便于休息，这里曾一度住着500多名僧侣。到绒布寺，最吸引人的就是附近的珠穆朗玛峰。很多登山专家认为绒布寺所在地正是观看珠穆朗玛峰的最佳位置。

班禅新宫　　班禅新宫是西藏佛教领袖班禅宫殿之一，位于市西南，又名德庆格桑颇章。1954年由国家拨款兴建，是班禅大师安寝的夏宫。新宫有三道门，第一道门前檐有四根八角朱漆大柱抵顶，门殿浮雕着凶悍不驯的野兽、腾跃欲飞的蟠龙和各种花卉图案。门壁两侧，彩绘着卷云、猛虎、长龙、人物和佛教故事壁画，笔法细腻，形神俱肖。过了第一道门便是一条幽深小径，红莹碎石铺路，白石玉块镶花。第二道门是一个前庭四合院，迈进四合院，进入第三道门，便可观赏那建筑雄浑、富丽堂皇、庄严肃穆的宫殿了。

▼ 绒布寺

Traffic | 交通

目前，日喀则地区没有自己的民用机场。拉萨的贡嘎机场有班车直达日喀则，车程4小时左右，费用150元。日喀则地区主要的交通还是公路交通。

公路

日喀则境内公路四通八达，318国道、日（喀则）亚（东）公路、拉（萨）普（兰）公路、中尼公路贯通东西南北。拉萨汽车站也有大巴前往，但行车时间较长，车票也较贵。由日喀则开往各地的公营长途汽车比拉萨所发车辆少，开往拉萨及萨迦的有定期班次前往，亚东每日或隔日上午有长途汽车前往，班次及时间视乘客人数而定。

日喀则汽车客运站位于解放中路，上海广场的斜对面。每天都有拉萨—日喀则互发的班车，半小时一班，车费65元左右。这里还有发往各县的长途汽车，包括亚东、江孜、拉孜、萨迦等地。

▲ 318国道5000公里纪念碑

市区交通

出租车　　出租车在市内起步价10元，由于日喀则市区并不大，所以市区基本上都是10元。

三轮车　　三轮车起步3元，可议价。

日喀则市作为西藏的第二大城市，住宿条件相对比较好，可选择的饭店也很多，下面列举几个比较有代表性的饭店（宾馆）。

日喀则饭店

▼ 日喀则饭店里的藏式装饰

西藏日喀则饭店位于西藏古城历代班禅驻锡地后藏日喀则市中心，是一家三星级涉外旅游饭店，于1985年兴建，建筑及内部装饰极具民族特色。饭店有豪华套

SHIGATSE HOTEL

房、套房、标准间、藏式标准间、单间客房123间。标准间参考价格：淡季（11—3月）180元左右，旺季（4—10月）400元左右。

日喀则山东大厦

日喀则山东大厦是一家三星级酒店，已获得由上海大世界吉尼斯总部颁发的大世界吉尼斯之最——最高海拔城市中的最高大厦，是藏汉友谊、鲁藏团结的丰碑。山东大厦拥有各类客房111间，床位220个。标准间参考价格：淡季（11—3月）180元左右，旺季（4—10月）400元左右。

达热瓦大酒店

日喀则达热瓦大酒店系西藏仁布达热瓦公司按四星级标准兴建的，集住宿、餐饮、茶坊、桑拿、会议、旅游服务于一体的综合性涉外酒店。酒店位于日喀则市主干道——珠峰路东段，交通、购物、观光十分便捷。酒店藏民族传统装饰风格与现代建筑主体交融，充分体现后藏文化在酒店建设中的特色，凸显藏民族风格魅力。酒店拥有客房105间/套，210个床位。标准间参考价格：淡季（11—3月）180元左右，旺季（4—10月）400元左右。

日喀则地区的其他地方有江孜饭店、拉孜饭店、定日珠峰宾馆、兵站和运输站、樟木宾馆等，住宿条件在当地都是比较好的。

Food | 美食

日喀则的餐饮与西藏其他地方相同，各种档次的餐馆不少，无论是高档的还是简陋的，装潢设计大都注意体现民族特色。例如，出日喀则桑孜宾馆后的南大街上有很多餐馆。"狗蹄"木桌、铁皮火炉、"八瑞"瓷碗、藏式蒲团、吉祥图与壁画等，都体现了藏民的精神追求。菜肴多为一些有特色的藏餐，如各类灌肠、青稞酒和酥油茶、牛羊手抓肉、凉拌牦牛舌、包子、糌粑、各种糕点，以及甜茶、奶茶、酸奶、烤肠、风干肉、夏普青（肉浆）等。

香寨

日喀则盛产土豆，日喀则香寨就是将土豆煮成八成熟，滤干，去皮，切成小块，待用。洗净去皮之葱段，放入油锅内稍煎后，取出放入石槽中捣烂，盛入小碟内，待用。用凉水把咖喱粉拌成糊状，倒入油锅内，做成油咖喱，待用。把羊肉剁成块，用适量酥油烹炒后，放入锅内加水闷煮，后加入土豆、油咖喱、盐巴、生姜、茴香、丁香、胡椒、藏蔻等调料，搅拌煮熟后即成。吃时可撒上葱泥。香寨是藏族食用米饭时的最佳菜肴，味美色深，调料芳香可口。

祛瑞

　　将夏天的鲜奶酪装进皮袋内，置于阴凉处，经过闷存发酵制成奶渣，然后来年春季取出捣碎成小圆块。在锅内倒适量水、肉片、面粉、干辣椒、盐巴，加入圆块的奶渣，烹煮。在另一锅里盛放适量的水煮碎麦片，煮八成熟后，将麦片糊倒入主锅内搅匀，用温火闷煮熟即成。祛瑞是藏族群众，尤其是农区的群众在春季食用糌粑的最好伴菜。祛瑞味甘甜，食用后即可暖身，抵御寒冷气候。

▼ 祛瑞

朋必

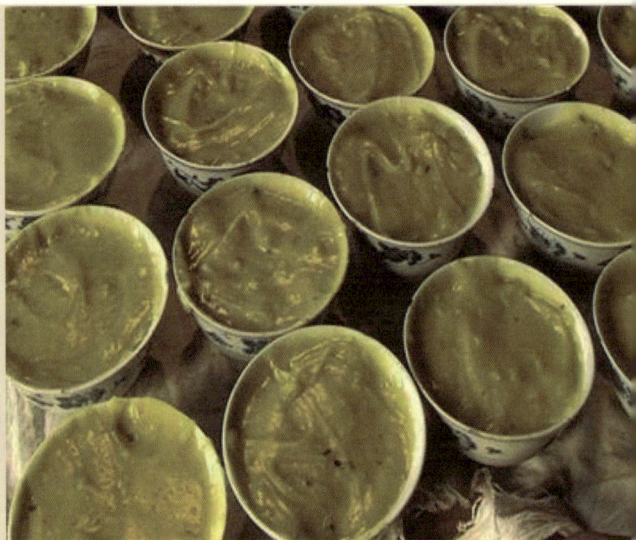

▲ 朋必

在西藏，人们一提到"朋必"，就绝对会想到日喀则，可以说，"朋必"几乎成了日喀则小吃的象征。它主要在日喀则存在，并深受喜爱，其他地区很难见到它的踪影。很早以前，日喀则老街的集贸市场算得上是最热闹的地方，在写满毛主席语录的一堵墙下，几十个卖食品的人排队坐在一起，其中有卖饼子的，有卖人参果的，最多的还是卖朋必的人，因为朋必的成本是最低廉的，而且也是人们最喜欢的小吃之一。

朋必的原料很简单，做朋必的豆汁是从做粉丝的汁液中提炼出来的。做粉丝时，先把豆子碾成沫，沉淀后把最上面的一层汁液倒掉或喂牲口，沉淀在底层的是做粉丝的淀粉，而中间较稠的一层汁液是做朋必的原料。聪明的日喀则人民把汁液充分利用起来，熬出了独一无二的日喀则小吃。其做法是将豆汁熬成糊状，冷却后即可成形，但因内加佐料的不同而有所区别，有加藏葱的，有加咖喱的，有加青油的，有的还加一些肉末，更能够增加美味。

在日喀则除了在西藏随处可买到的法器、饰物、经轮外，并没有非常特别之处。集市位于日喀则市的北部，售卖各种日用品，无论是否喜欢购物，该市集还值得一游。另外，在日喀则南部近郊有一个叫"扎西吉彩"的小村，它是西藏著名的手工艺品之乡，藏刀、藏毯、唐卡、法器、经轮、酥油灯、佛像、木碗、银碗、手镯、项链、耳环、戒指、头饰、"松巴"靴、玉器、藏服等全部都能买得到。另外，日喀则地区有许多具有药用价值的高山植物，如虫草、雪莲花、红景天、天麻、贝母、党参、黄芪、当归、胡黄连、大黄、首乌、麻黄、车前子、草乌等，需要的话也可以带回去一些。

◀扎西吉彩
手工艺品市场

拉孜藏刀

藏刀是藏族必备之物，既可用来切肉、护身，也是一种装饰品。男式藏刀粗犷锋利，女式藏刀则较秀气，无论地摊还是商店都不难买到，价钱几十元至数百元不等。名气最大的藏刀，要属工布的"工布刀"和日喀则的"拉孜刀"，银饰刀鞘精美、刻工细致。

种类　　藏刀按尺寸可分为长剑和腰刀两种。长剑，藏语称"巴当末"，长约1米；腰刀，藏语叫"结刺"，长度在10～40厘米之间。藏刀的刀鞘，有木质、铜质的，也有铁质或银皮镶包的。刀鞘上常刻有龙、凤、虎、狮和花卉等图案。有的图案上还点缀着宝石、玛瑙等珍宝。

来历　　藏刀的正式名字叫"折刀"，传说是为了纪念英雄折勒干布命名的。在遥远的年代，西藏牧民大都拥有藏刀。可是牧主和头人为了保持自己的权位，威逼牧民交刀。当时，许多牧民因拒交藏刀而被抓走。这个消息传到英雄折勒干布耳中，他为了搭救自己的同胞，就跃马提刀杀向牧主和头人。最后，折勒干布因寡不敌众，流尽了最后一滴血。牧民们为了纪念他，就将藏刀改名为"折勒干布刀"，简称"折刀"。

▼ 拉孜藏刀

用途与做工 藏刀具有生产、生活、自卫、装饰4种用途，已有1 600多年的生产历史。藏刀做工讲究，刀身用钢材锻，刀柄用牛角或硬质木料加工而成。精美的藏刀大都出自能工巧匠之手。由于锻打精致，镌刻细腻，色彩夺目，并附有藏文，系有五颜六色柄穗，形成别具一格的藏族工艺品。特别是朋友结婚或喜生婴儿时，送上把藏刀会使主人感到格外高兴。

▲ 拉孜藏刀

地毯与卡垫

▼ 日喀则地毯

日喀则地毯是西藏著名的传统手工艺品，广为普及，各个地区都有手工织造的民族工艺加工厂，风格依当地民俗而各异，款式有地毯、挂毯、卡垫及各种饰物，产品远销许多国家。日喀则地毯主要是仿古毯，是我国地毯百花园中的一朵鲜花，相传已有600多年的历

史。按照不同的规格，面积大于18平方英尺的称地毯，小的称卡垫。日喀则目前生产的多为卡垫。卡垫深受藏族群众喜爱，已成为家庭的必需品了，它既是陈设品，又是实用品。

唐卡

唐卡的规格不尽相同，大者数十平方米，小者仅有数十平方厘米，但普通唐卡的尺寸通常为1～2平方米。唐卡的种类也十分繁多，按材料和制作方式可以分成绣像唐卡、绘画唐卡和版印唐卡三大类。

绣像唐卡

绣像唐卡又有缂丝唐卡、织丝唐卡和堆绣唐卡之分。缂丝唐卡和织丝唐卡样式从元

▼ 日喀则唐卡

代开始大规模流行，通常是在绘画粉本的基础上创作而成。由于西藏不产丝绸，同时也没有相应的缂丝和织丝工艺，因此画好粉本之后通常都在祖国内地的丝绸中心如苏州、杭州等地创作而成。现存年代最早的缂丝唐卡分别为布达拉宫保存的不动明王缂丝唐卡、贡塘喇嘛像缂丝唐卡等。

绘画唐卡　绘画唐卡是唐卡艺术形式中流行最广，也是最为常见的形式。按底色，绘画唐卡又分为彩色唐卡、金色唐卡、朱砂唐卡和黑色唐卡等几种。绘画唐卡的绘制通常在准备好画框、画布之后，一般都要经过打草图、勾墨线、敷色、晕染、用色线再次勾线、晕染、上金、开眼等过程，具有三维立体空间效果。

版印唐卡　版印唐卡是用墨或朱砂作颜料，用套版直接印在丝绸上的一种唐卡，套版主要用木版，偶尔也用铜版或铁版。其制作是先将画好的图像刻成雕版，再用墨或朱砂为颜料印于薄绢或细棉麻布上，然后着色装裱而成。这种唐卡，笔画纤细，设色多为墨染其外，朱画其内，层次分明，别具一格，用以满足僧俗对唐卡的大量需要。

日喀则的唐卡和绘画以现实主义的再现性，浪漫主义的表达性，审美内涵的神秘性，情节深刻的感染性，寓意生动的象征性，整体完美的构成性，优雅精致的装饰性和庞杂完美的艺术体系、博大精深的佛教理论，以及圣洁崇高的理性追求和卓绝精妙的工艺形式，构成了永恒的艺术魅力。

娱乐

　　日喀则农村的农民，一年要过四次年：公历的元旦、农历的春节、西藏的藏历年和后藏的藏历年。生活在年楚河谷的农民，最看重的还是后藏的藏历年，过得最为隆重热闹。日喀则作为后藏地区，素有"歌舞之乡"的美誉，民间舞蹈以热烈欢快的"堆谐"最为常见，还有场面宏大的"果谐"，各地都有极具特色的民间舞蹈。民歌有情歌、牧歌、酒歌、祝福歌等多种形式，在劳动和生活中男女老少随编随唱，自娱自乐。

藏戏

　　藏戏是以民间歌舞的形式表现文学内容的综合艺术。吐蕃时期以来，后藏民间歌舞艺术不断发展，后来又出现了拟图腾面具舞蹈、白面皮面具艺术表演、跳神艺术，以及民间的说唱艺术等，这些民间及宗教艺术中包含着一些戏剧因素。经过历代民间艺人和知识分子的努力，创造了藏戏艺术。人们一般把日喀则作为藏戏的发祥地，把汤东杰布奉为藏戏始祖。汤东杰布系日喀则地区昂仁县人，他利用当时民间和宗教艺术中的某些戏剧萌芽或形式发展了藏戏艺术。五世达赖倡导举办藏戏节，促进了藏戏的交流与发展。

《文成公主》、《诺桑王子》、《苏吉尼玛》、《顿月顿珠》、《赤美滚丹》、《卓瓦桑姆》、《白玛文巴》、《朗萨姑娘》等八大藏戏节目不仅在西藏长演不衰，在国内外也深受欢迎。在藏族文学史上，米拉日巴的《十万道歌》、萨迦班智达的《萨迦格言》产生了深远影响。布顿大师的《佛教史大宝藏论》、觉囊·多罗那它的《印度佛教史》、索南坚赞的《西藏王统记》等是藏族史学上的代表性著作。桑吉坚赞的《玛尔巴传》、《米拉日巴传》、《日迥巴传》是著名的传记文学作品。民间故事和传说源远流长，用以活跃生活，教诲后人。

▼ 戴着面具的藏戏演员

斗牛

　　白朗县斗牛节在藏历八月举行，届时各乡村农牧民汇集在一起，带着自家的公牛，进入指定的斗牛场，而后进行每乡、每村的斗牛比赛。强壮的种牦牛披绸挂缎，在观众的欢呼和祝福中，参赛牦牛依次举行传统的入场仪式，然后以单淘汰的方式进行比赛。比赛时二牛相斗难分难解，其场面惊心动魄，扣人心弦，最终弱者被顶倒或落荒逃去，才可结束二牛之间的恶战。这种角斗有的瞬间分出胜负，有的则持续20多分钟，最后的胜者获得年度"牦牛至尊"称号。

▼ 斗牛

日喀则市是后藏的首府、历代班禅的驻锡之地。扎什伦布寺一年一度的展佛节，至今已有500多年的历史。展佛节是在藏历的五月十四日至十六日，每天展出

不同的佛像，历时三天。展出的佛像有1000多平方米，用绸缎、织锦人工绣成。展佛节是扎什伦布寺每年较大的颂经、传昭、求雨的宗教法会，又是后藏的节日，气势宏伟，令人叹为观止，是日喀则地区十分重要的节日之一。此外，还有富有神秘宗教气氛的跳神节、夏鲁寺的西姆钦波节和藏戏等演出。

江孜达玛节

"达玛"，藏语意为"跑马射箭"。达玛节是日喀则地区江孜县藏族独具风格的传统节目。据说第一个达玛节，是为庆祝江孜宗山的白居寺和八角塔落成而举行的跑马射箭比赛，沿袭至今。每年藏历四月十日至二十八日，是后藏江孜人民的传统的节

日——达玛节。届时江孜藏族便聚集在宗山脚下，进行各种丰富多彩的体育表演和体育比赛，欢度达玛节，一般庆祝活动要持续一周时间。现在的达玛节时间多在农闲的6月份举行。届时，农牧民着节日盛装，喜气洋洋，从四面八方汇集一起。节日内容有赛马、赛牦牛、射箭、足球、篮球、拔河、负重、民兵实弹射击、专业和群众性文艺演出等活动。赛马的勇士，骑着不配鞍的打扮漂亮的骠悍骏马，策马扬鞭，风驰电掣，争雄斗胆，展现英姿，看了使人叫绝。同时，还要进行物资交流，从各地来的国营、集体、个体商户以及农牧民，把大量商品投放市场，进行出售和交换，到处一派繁忙景象，已真正起到"文化搭台，经济唱戏"的作用。

▼ 江孜达玛节

日喀则舞蹈

　　西藏是歌的世界、舞的海洋，日喀则人更是能歌善舞。其民间舞蹈风格独特，优美大方。"果谐"舞步轻快奔放，场面宏大；"斯马卓"鼓舞粗犷激昂；吉隆的"螺舞"舞姿轻盈，歌声优美动听；康马的"谐青"、定日的"甲谐"舞步有力整齐，歌声和谐悦耳、庄重典雅；夏尔巴舞美妙抒情，舞步轻柔优美；萨嘎的"甲谐"豪放古朴；"羌姆"隆重，气势宏大。

▲ 萨嘎的"甲谐"

甲谐　　"甲谐"，意思是隆重的歌舞表演，是一种集体舞蹈。其历史起源有三种说法：一是为庆贺战争胜利而跳的舞蹈；二是歌舞比赛获胜时跳的舞蹈；三是唐朝时代庆祝文成公主进藏而跳的舞蹈。甲谐的服饰都是用高级绸缎做成，以红色和黄色为主，显示出一种高贵典雅的气质。演员所戴的是一种大而圆又有流苏的帽子，表演时不停地摇摆，就像狮子一样威武、雄壮。演员的裤子又大又肥，像裙子。甲谐的动作十分粗犷、豪放，显示出藏民族剽悍而又勇敢的性格特征。道具有长腰刀、马鞭、装在小刀鞘内的小刀和筷子等。表演时间可长可短，长的一般可以连续跳一整天。

跳神舞节　每年藏历八月举行跳神舞节，至今已有二三百年的历史。跳神舞出场人员身着古装，戴着佛教中各护法神的面具进行表演，以不同的

▲ 跳神舞节

神态翩翩起舞，其舞姿和音乐奇妙无比。羌姆分"阿羌姆"和"铜羌姆"，其主要区别是用不同乐器伴奏。跳神舞由几名童子按照鼓号的节奏跳吉祥舞为开场。其后逐次表演金刚、骷髅、鹿牛、比丘、六长寿等数十节不同的神舞。最后，装饰的宝马、宝象、宝牛身背珊瑚树、珍珠曼札、黄金塔、象牙等奇珍异宝出场，以回应开场的吉祥舞。整个跳神舞所表现的内容为扬正抑邪、解脱罪恶、迎吉纳祥。由于是密宗灌顶的喇嘛表演，因此整个表演更具权威性和神秘感，每每给人留下难以忘怀的印象。

日喀则林卡节

　　日喀则林卡节在每年阳历6月1日。6月初的日喀则阳光明媚，风和日丽，绿草茵茵，枝叶嫩绿，农区的大忙时节基本过去，确实是人们去享受、去体验大自然无限美好的大好时节。现已成为人民群众、机关干部、职工和孩子们同过"六一"儿童节的快乐节日。

节日前，人们就要去林卡选择地方，并尽早搭好帐篷和准备好必要用具。过去主要在年楚河畔的贡觉林卡，现在又新辟了一些地方。节日里，学校要组织学生举旗、列队、敲锣打鼓到林卡，并

▲ 日喀则林卡节

举行少先队活动仪式，表演丰富多彩的少儿节目，给节日增添无限乐趣。专业文工团、民间藏戏队也要登台表演。林卡里，帐篷林立，人流如潮，欢歌曼舞，热闹非凡。一家老小围在一起，饮酒玩耍，唱歌跳舞，自娱自乐的情形到处可见。林卡节人们一般要尽情玩耍、游乐一个星期。

TIPS 温馨小贴士

献撒糌粑

献撒糌粑礼仪流行于西藏后藏日喀则等地区。人们把糌粑看作是吉祥之物，每当客人离开主人家时，主人捏一点糌粑点在客人的肩膀上，祝其全家幸福、吉祥如意。在藏历新年或重大节庆日期间，人们相互把糌粑撒在亲朋好友的肩膀上，以此表示节日的庆贺。

C

林芝篇

LinZhi

▶▶▶

林芝 位于中国西藏自治区东南部，内与昌都、那曲、拉萨、山南等地市相邻，外与印度、缅甸接壤，平均海拔3100米，总面积约11.7万平方公里，人口约14万。林芝地区自然条件得天独厚，气候宜人，水资源丰富，雅鲁藏布江从这里经过。林芝有人称她是西藏的瑞士，也有人称她是西藏的江南。

林芝是藏文"尼池"或"娘池"一词音译而来的。后来，根据当地的物产特点，把"尼池"写作"林芝"并运用至今。藏语"娘"是指娘氏家族，同时也是指吐蕃时期的"娘"氏"东岱"；"池"是指吐蕃时期的"池"氏"东岱"（千户）。"娘池"是这两个东岱的合称。林芝地区行署所在地坐落于八一镇，林芝不仅具有享誉中外的自然美景，而且具有悠久的历史和丰富的人文景观。早在吐蕃时期，这一代就有"工噶布"、"塔布"及"娘布"等氏族、部落活动，至今在林芝县境内有著名的"第穆摩崖石刻"碑文，是林芝悠久历史和丰富人文景观的例证。另外，著名的苯教神山"本日"也在林芝。吐蕃第一个赞普即聂赤赞普的传说也与林芝有关，第七代直贡赞普及其后代的历史传说也与林芝有关。

　　林芝地区不仅自然风景绮丽独特，人文景观更是源远流长。在这里，可以领略到国家级自然保护区，有"植物王国"美称的墨脱县的秀美；欣赏到被世界旅游组织列入世界旅游点的巴松湖和山恋起伏、云雾缭绕的鲁朗茫茫林海，还有位于雅鲁藏布江大拐弯处的世界第一大峡谷和世界第15高峰海拔7756米的南迦巴瓦峰，以及距今2500年的柏树王、桑树王。林芝建筑别致，环境优雅的喇嘛岭寺（又叫桑多白日寺），独特的工布风情，构成八一镇景区。林芝可望成为世界上集旅游、登山、攀岩、探险、漂流、森林浴、科学考察为一体的场所。

雅鲁藏布大峡谷

　　雅鲁藏布江发源于喜玛拉雅冈底斯山脉之间的杰玛央宗冰川，是世界上海拔最高的河流，也是西藏人民的母亲河。她拥有世界上最长、最深的大峡谷，流经一块未被开发的处女地。雅鲁藏布大峡谷旅游区位于雅鲁藏布江中下游林芝地区，旅游区中著名的南迦巴瓦峰就在雅鲁藏布江大拐弯处附近。雅鲁藏布大峡谷的旅游路线从八一镇开始，经尼洋河与雅鲁藏布江交汇处到大峡谷拐弯处，沿途可观赏独具一格的风光。这里拥有我国山地生态系统最完整的垂直植被组合，该旅游区内拥有壮观的跌水、雄伟的雪山、丰富的宗教传说等自然与人文景观。雅鲁藏布大峡谷平均海拔3000米以上，长达496.3公里，险峻幽深，侵蚀下切达5382米，它的长度超过曾号称世界之最的美国克罗拉多峡谷（长440公里），深度超过了曾号称世界之最的秘鲁科尔多峡谷（深3200米左右）。

自然风貌　　雅鲁藏布大峡谷具有从高山冰雪带到低河谷热带季雨林等九个垂直自然带，是世界山地垂直自然带最齐全、完整的地方，这里汇集了许多生物资源，包括青藏高原已知高等植物种类的2/3，已知哺乳动物的1/2，已知昆虫的4/5，以及中国已知大型真菌的3/5，堪称世界之最。雄伟的喜玛拉雅山脉阻滞了印度洋西南季风的北上，大峡谷由此成为暖湿气流迂回进入青藏高原仅有的通道。在此黄金般的峡谷地带里，形成了北半球位置最北边的

▼ 雅鲁藏布大峡谷周边植物

雅鲁藏布大峡谷的世外桃源境界

亚热带山地气候环境，"高原江南"察隅便位于此通道处。又由于雅鲁藏布大峡谷深藏于藏东南人迹罕至之地，自然生态环境至今仍保留着远古的风貌，故又有世界基因库之称。

人类最后的秘境　　雅鲁藏布大峡谷怀抱南迦巴瓦峰地区的高山峻岭，冰封雪冻，它劈开青藏高原与印度洋水汽交往的山地屏障，像一条长长的湿舌，向高原内部源源不断输送水汽，使青藏高原东南部由此成为一片绿色世界。雅鲁藏布大峡谷里最险峻、最核心的地段，是一从白马狗熊往下长约近百公里的河段，峡谷幽深，激流咆哮，至今还无人能够通过，其艰难与危险，堪称"人类最后的秘境"。高山雪线之下是高山灌丛草甸带，再向下便是高山、亚高山常绿针叶林带，继续向下便是山地常绿、半常绿阔叶林带和常绿阔叶林带，进入低山、河谷是季风雨林带。这里的季风雨林不同于赤道附近的热带雨林，它是在热带海洋性季风条件下形成的有明显季节变化的雨林生态系统。这里是世界上山地垂直自然带最齐全丰富的地方，也是全球气候变化的缩影之地。由于雅鲁藏布大峡谷环境恶劣、灾害频繁，构成人们很难跨越的屏障和鸿沟，其可达性的制约，使墨脱成了高原上的"孤岛"、远离现代社会的"世外桃源"，至今少有人涉足。

徒步之旅　　排龙（门巴族聚居地）是徒步探险雅鲁藏布大峡谷的起点。离排龙约500米处，一座摇摇晃晃、离江面近30米的钢丝绳和木板扎成的吊桥便是徒步穿越大峡谷的出发点，桥下江水溅着恶浪，轰鸣声震天动地，让胆小者望而却步。沿江往前走可直达大峡谷的腹心地带。此段路程约30公里，一路上植被葱郁，草木峥嵘，景色非常迷人。玉梅是徒步前往大峡谷途中一个不起眼的地方，但这里有一温泉从岩石缝中汩汩涌出，热气蒸腾，直注入帕隆藏布江。温泉周围，花草茂盛，松、杉、楠、桦、柏参天耸立，杜鹃花群落万紫千红。这时候，你可以仰卧在温热的溪流中，望着不远处的蓝天白云，听着脚下江水的歌唱，你会感觉这是何等的心灵净化。而这里四周大片金黄色的沙滩，清洁健康的饮水源，更是露营的极佳选择。

当你历尽艰辛，登上扎曲村寨，眺望南迦巴瓦峰、回望加拉白垒雪峰晶莹的冰川，犹如坠入童话般的世界，引发无尽的遐思。然后，俯视雅鲁藏布江的马蹄形拐弯和帕隆藏布江的直角形拐弯，一种生命层次被提升的感觉便会油然而生。此时，你会感觉到你已成为徒步探索大峡谷为数不多的人群中的一员，并为此而骄傲。但是为了获得这种骄傲就免不了要做出某种牺牲：过吊桥的摇摆惊吓，经塌方区的疲于奔命以及路上随处可见的蚂蝗的令人心悸。即使过了很久，想起此事仍会让你心有余悸。

大峡谷游艇　　雅鲁藏布江与尼洋河的汇合处有一个码头叫做娘欧码头，是乘坐游艇进雅鲁藏布大峡谷的码头。娘欧码头既是雅鲁藏布江上最大的码头，也是西藏境内最大的码头。在娘欧码头

▲ 雅鲁藏布江的游艇

登上雅鲁藏布江里的游艇，也会有非常不错的感觉。登上游艇，你会发现江水在迂回曲折的峡谷奔流，河床时宽时窄，河水时急时缓。在下游，可以看到像这类峡谷一个接着一个，乱石嵯峨，百转千回；峡谷两侧森林密布，层峦叠嶂，景色清幽秀美。

南迦巴瓦峰

　　南迦巴瓦峰是林芝地区最高的山峰，海拔7782米，高度排在世界最高峰行列的第15位，但它前面的14座高山全是海拔8000米以上山峰，因此南迦巴瓦是7000米级山峰中的最高峰。其实，它的相对地面的高度已经超出珠穆朗玛峰，只是林芝地区海拔较低从而影响到南迦巴瓦峰的海拔。它还有另一个名字"木卓巴尔山"，其巨大的三角形峰体终年积雪，云雾缭绕，从不轻易露出真面目，所以它也被称为"羞女峰"。南迦巴瓦在藏语中有多种解释，一为"雷电如火燃烧"，一为"直刺天空的长矛"，还有一为"天山掉下来的石头"。"直刺天空的长矛"这个名字来源于《格萨尔王传》中的"门岭一战"，在这段中将南迦巴瓦峰描绘成状若"长矛直刺苍穹"。

自然特征　　南迦巴瓦峰南坡地区是墨脱县所在地。墨脱境内的巴昔卡，一直到皑皑白雪的峰顶水平距离不足200公里，可海拔高差竟达7000余米，理想的地貌条件和优越的气候条件使南迦巴瓦峰成了我国具有最完整山地垂直植被带谱的唯一山地。在这独特的热带山地生态系统中，发育、繁衍着复杂而丰富的植被类型和动、植物区系，为此被许多生物学家誉为"植被类型的天然博物馆"、"山地生物资源的基因库"。在南迦巴瓦峰南坡，1100米以下的低海拔河谷，气候温暖多雨，属低山热带雨林带。500米以下，生长着由龙脑香、娑罗双等组成的常绿雨林；500米以上，则发育着由千果榄仁、小果紫薇、阿丁枫等组成的半常绿雨林。在阴暗潮湿的热带雨林中，藤蔓缠绕摇曳，附生植物密布于枝干；其内生长着省藤、桃榔、倪藤等许多热带植物，颇似云南西双版纳风光。

地质结构　　南迦巴瓦峰地区地质构造复杂，构造活动强烈，是一处形成喜马拉雅地质历史，探讨板块构造运动力学机制的极好地方。南迦巴瓦峰地处东西向、北东向、北北西向和北西西向等多组构造系统的复合部位，构造应力特别集中，多次的区域变质形成南峰地区一系列中深变质程度的变质岩系；以北北东方向的强烈挤压为主，导致南迦巴瓦峰作强烈的断块上升，形成屹立在藏东南群山之上的喜马拉雅山东端的最高峰，同时形成围绕南迦巴瓦峰的紧密而复杂的弧弯。

传说　　相传很久以前，上天派南迦巴瓦和加拉白垒镇守东南。弟弟加拉白垒勤奋好学、武功高强，个子也是越长越高，哥哥南迦巴瓦十分嫉妒。于是哥哥在一个月黑风高之夜将弟弟杀害，将他的头颅丢在了米林县境内，化成了德拉山。上天为惩罚南迦巴瓦的罪过，于是罚他永远驻守雅鲁藏布江边，永远陪伴着被他杀害的弟弟。这个神话故事很生动地向我们解释了这两座山的特点，即加拉白垒峰顶永远都是圆圆的形状，那是因为它是一座无头山；而南迦巴瓦则大概自知罪孽深重，羞于见人，所以常年云遮雾罩，难得让外人一窥。

巴松措

　　巴松措也叫"措高湖"，"措高"在藏语中意为"绿色的水"。它距工布江达县50多公里，是红教的著名神湖。湖形状如镶嵌在高峡深谷中的一轮新月，长约12公里，湖宽几百至数千米不等，最深处60多米，总面积6000多亩。湖水清澈见底，四周雪山和原始森林倒映其中，黄鸭、沙鸥、白鹤等飞禽浮游湖面，湖中则是游鱼如织，分外迷人。

南迦巴瓦峰

▲ 巴松措

红教圣地　　巴松措也是红教（藏传佛教宁玛派）的一处著名神湖和圣地。虽然巴松措深藏在交通闭塞、远离城镇的山沟里，但它却以其林木繁茂和群山耸立中的那一池碧水而广为外界所知，成为林芝地区最早为人所知的风景区之一。巴松措湖水清澈见底，四周环绕的雪山倒映其中。每到春季，湖四周群花烂漫，雪峰阵列并倒影湖中，景色宜人至极。秋季万山红遍，层林尽染，天空碧蓝如洗，火红的枫叶折射灿烂的阳光，倒影在碧蓝的湖面，景色美不胜收。湖西北还有大的巨石，大石中心有可供一人钻过的洞，据说钻此洞可消灾除病。作为红教著名的神湖，每年来此转经观湖的群众非常多，湖周围也有不少藏族人家。

措宗工巴寺　　湖心的扎西岛上有措宗工巴寺，建于唐代末年。岛上的礁石均雕刻成了别致的动物形象以

▲ 措宗工巴寺的
生殖崇拜（男性）

及佛像。措宗工巴寺为土木结构，上下两层，殿供强巴佛、千手观音和金童玉女。寺南有一株桃和松的连理树，春天时，桃花与青松相映，煞是好看。

生殖崇拜　　早期藏传佛教宁玛教派，寺院喇嘛包括活佛都允许有妻室，其创始人莲花生大师和两个妻子的塑像，至今供奉在拉萨大昭寺内。300多年前兴盛的格鲁派（俗称黄教）则不允许喇嘛娶妻。藏传佛教寺院供奉生殖器，与西藏原始宗教——苯教崇拜自然有很大关系，后来兴盛的藏传佛教宁玛派密宗吸收了苯教的有些教义，将铜、木制的男性生殖器供奉在寺院，以达避邪、镇伏妖魔之作用。但男女生殖器同时供奉，唯有喇嘛岭寺与措宗工巴寺。

▲ 措宗工巴寺的
生殖崇拜（女性）

美丽的传说　　相传，扎西岛是鱼形山的山脊。远古时这里并无此湖，而是一座高耸入云的鱼形山，头北尾南卧在此地。一天黄昏，一对雌雄怪兽在山中嬉戏，兴致正浓时，雄兽对鱼形山的山脊猛啃一口，瞬间，这座山急剧下陷，方圆几百里山摇地动。山脊创处顿时喷出腥红色的血水，直泻千里，汇成一片红色的海洋，血腥味令人窒息，给人间带来灾难。这时，天庭巡视官俯视人间见妖鱼作怪，迅即禀报玉帝，玉帝即令"神犬"降妖、"神龙"造福。一道寒光闪过，妖鱼被神犬投下的神针钉住，朵朵梅花飘落在血海四周变为山峦，阻止了血水漫延。这时，忽见一道红光直冲云霄，顷刻间海洋干枯，血腥味消失，随即神龙吞云吐雾、呼风唤雨，大地即变成了绿洲花海，巴松措由此而成。

▲扎西岛上的桃抱松

鱼形山的山脊就是妖鱼的背部，在湖心，神龙恐妖鱼得水后再造灾难，便在行雨时少降雨水将鱼背露于水面，让烈日曝晒以使妖气早逝。数千年以后，妖鱼果然修身成善。在一个风清月朗的深夜，这条修善的妖鱼变成一棵满树桃花的桃树植根扎西岛。神犬见妖鱼已成善果，即将钉在妖鱼背上的神针变成一棵松树长在桃树上，与桃树同根共液生存，这就是奇树"桃抱松"，堪称世界一绝，特别是树叶上自然形成的奇妙的藏文字母，更令寺庙蒙上一层神秘的色彩。

鲁朗林海

鲁朗，藏语意为"龙王谷"，也是"叫人不想家"的地方。鲁朗海拔3700米，位于距八一镇80公里左右的川藏路上，坐落在深山老林之中。这是一片典型高原山地草甸狭长地带，长约15公里，平均宽约1公里。中间是整齐划一的草甸，犹如人工整治过，而两侧青山由低往高分别由灌木丛和茂密的云杉、松树组成鲁朗林海。在草甸中，到处可以看到溪流蜿蜒，泉水潺潺，草坪上报春花、紫苑花、杜鹃花等成千上万种野花怒放盛开，还可以看到颇具特色的木篱笆、木板屋、木头桥及农牧民的村寨星落棋布、错落有序。所有这一切，勾画了一幅恬静、优美的"山居图"。

鲁朗风光　　鲁朗美在夏季，这时清风吹拂，鲁朗林海翻起金色的麦浪；而到了秋冬季节，鲁朗林海山腰的松树青葱不凋，而山脚的树叶由绿变黄，再由黄变红，弥漫满天的红霞。来到鲁朗，当你放眼望去，只见在蔚蓝的天空中，白云飘飘，时而像奔

▼鲁朗林海

145

驰的骏马，时而又恰似高原上的牦牛，时而呼啸着飞奔而去，时而又悠闲地闲庭信步。鲁朗林海既像少女婀娜多姿，又像小伙热情奔放。此时此刻，整个鲁朗林海充满着诗情画意，犹如一巨幅动态风景画。

鲁朗林海　　当你站在鲁朗林海的观景台，可以看到远处山顶上的皑皑白雪，宛如厚厚的棉花，温暖地滋润着座座裸露的山峰。绵延起伏的山丘上，覆盖着一层嫩绿的草甸，大草甸中零星点缀着藏式民居，牛羊在草甸上悠然自得，咀嚼着可口的青草，欢快的叫声四起。在这里，山间的云雾时聚时散，与雪山、林海、田畴构成一幅梦幻般的图画。"雪山林海，云涛彩霞，一岭四季，十里九景，生态优美，资源丰富，沃野万顷，清泉百转。"这是鲁朗林海的真实写照。置身于这鸟语花香的景区，恍若到了"神仙居住的地方"。

▼ 鲁朗牧场

米堆冰川

　　米堆冰川位于波密县玉普乡米美、米堆两村，距县城所在地扎木镇90多公里。米堆冰川主峰海拔6800米，雪线海拔只有4600米，末端海拔只有2400米，冰川下段已穿行于针阔叶混交林带。米堆冰川是西藏最主要的海洋型冰川，是中国三大海洋冰川之一，也是世界上海拔最低的冰川。该冰川常年雪光闪耀，景色神奇迷人。米堆冰川冰洁如玉、景色优美、形态各异、姿态迷人，周围有成群的牛羊、古朴的藏式民居、雄伟壮观的雪山，有常年不离的攀羊、猴子等野生动物。

发现冰川　　米堆冰川是在一次大规模的泥石流后才被人们偶然发现的。1988年7月15日深夜，米堆冰川突然跃动，断裂下来的巨大冰川末端冲入冰湖里，使冰湖里与断裂冰川同样大小体积的湖水狂涌而出，冲溃湖坝。几分钟内夹杂着泥石流翻滚而下，冲毁了川藏公路上大小桥梁18座以及42公里的路基，使这条藏东南唯一的"生命线"中断达半年之久。科学家为研究泥石流的成因溯源而上，才发现了地处偏僻的米堆冰川。

徒步之旅　　要与米堆冰川作近距离接触，需要徒步走进一片森林，还要涉水过几道河，翻越三道冰川运动留下的终碛垅。米堆冰川被《中国国家地理》等全国34家媒体评为中国最美六大冰川之一。米堆冰川脚下就是一个叫米堆的藏族村子，它属于西藏林芝地区波密县玉普乡。由于这里海拔不高、温暖多雨的缘故，村子周围除了肥沃的耕地就是茂密的森林。用原木搭建的藏式小屋大多是二层，第二层有一半是晒台，晒台上支起的木杆上搭满了收获的小麦和青稞，每家都有一个像篮球场大小的院子，里面不但长着高大的乔木，在树旁还插着几面风马旗，在树林中随风飘扬，你会以为自己走进了一个森林公园。村民们相当热情，见到远道而来的游人，都会叫你进屋喝碗奶茶，甚至为你准备一顿藏餐。

▼ 米堆冰川

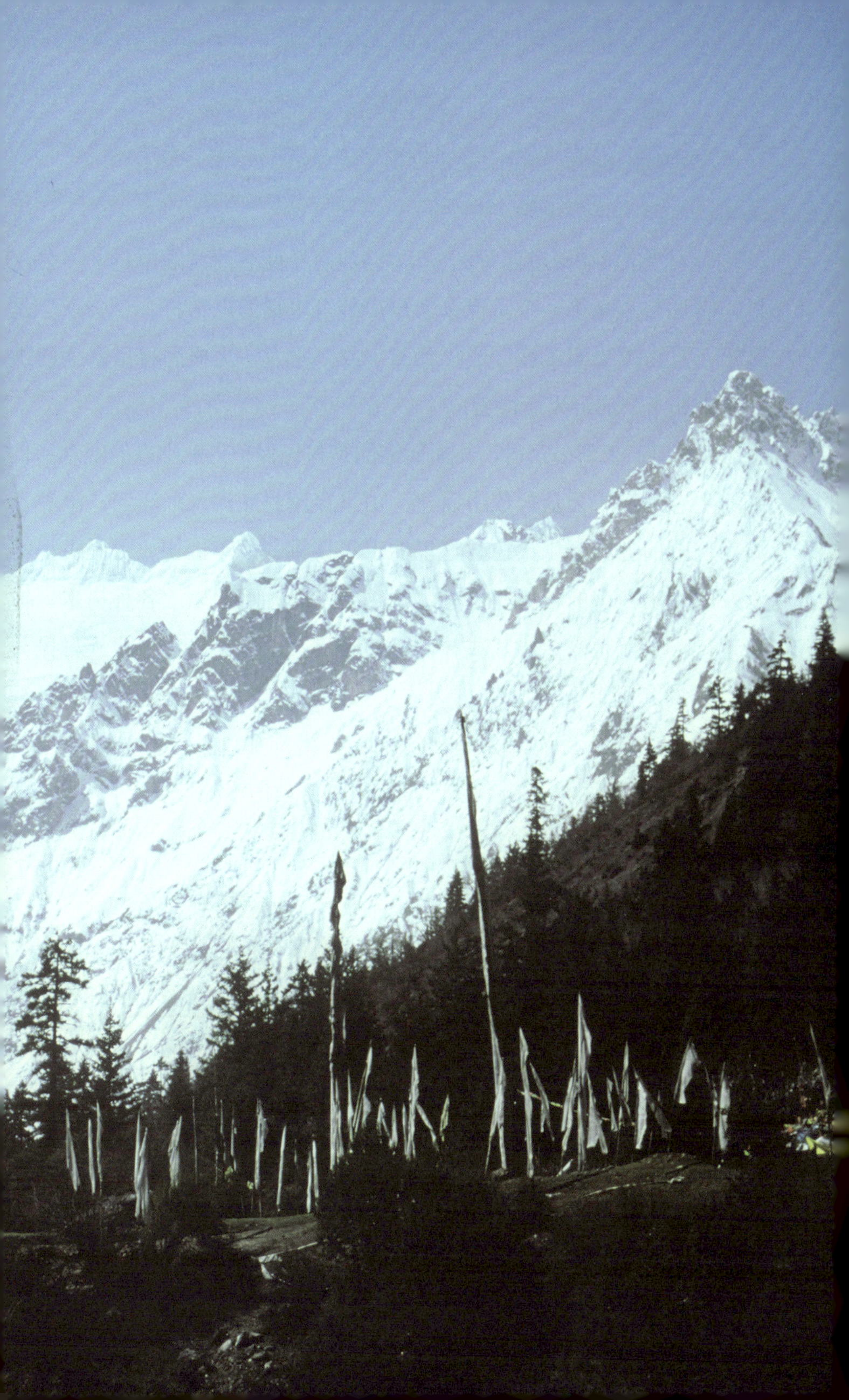

西藏生态旅游第一村——核桃王民俗文化村

　　从林芝沿318国道西行2公里，路边有个闻名西藏的山村——公众村，它还是全藏第一个实现家家户户装有电话的电话村。"公众"是藏语，意为"果实丰盛"或"葡萄丰收"之意，大概因村里繁盛的山野树木和丰产的野果而得名。

生态环境　　来到公众村，扑面而来的是村民保护自然生态的观念和良好的生态环境。公众村依山而建，山泉穿越村庄流入尼洋河，滋养了满山遍野的各种野生果树。这里的千年核桃、百年桃柳、古桑古杨树以及叫不出名字的各种树木有几十种之多。凡百年以上各种树木，树干奇异，根节暴露，成片成林，冠荫蔽日，足见千百年来藏族村民与大自然的和谐共处和朴实自然的生态保护观念，也足见此地民风淳朴、地灵人杰。目前，公众村的百年古树都加以整理养护，或以石块、木栅砌制围栏，妥善保护，成为对外开放的旅游景点。

◀核桃王
民俗文化村

民俗文化景观　　公众村列入保护的生态园林古树木和民俗文化景观有20余处，均有很雅的命名："玛尼吉祥"（以山泉水推转的玛尼经筒）、"朗玛奇柳"（桃柳栎三树结盟合抱）、"水磨半壁"（磨糌粑的水磨房及其结构解剖）、"远古神佛"（约为吐蕃时期的石刻佛像和六字箴言石刻经文）、"核桃绝唱"（千年核桃树王）等等。这使得原本无声无息、默然千年的野生树木，有了文化内涵和灵秀之气。

　　林芝素有西藏天然植物博物馆和高原绿色基因库之美誉，自然生态处于原始状态，具有发展生态旅游的丰富资源。公众村近临国道，交通便利，藏族群众在现代化通信和广泛的信息联系中观念有很大转变，发〔挥〕利用山林古树资源开发旅游，政府帮助规划，适当扶持，发展成为独〔具〕特色的生态旅游村，村民生活迅速得到改善。在旅游业的带动下，村〔容〕整洁，环境文明，自然生态在开发利用中进一步得到保护。

南伊沟

　　南伊沟，有"藏地药王谷"之称，传说藏药始祖宇妥·云丹贡布曾在此地炼丹并行医授徒，是神秘藏医药文化的重要发源地。南伊沟位于米林县南部的南伊乡境内，距县城5公里。沟内生态保护完好，气候湿润，动植物资源十分丰富，平均海拔2500米，被誉为"中国绿色峰级的森林浴场"、"地球上最高的绿色秘境"。该景区既是民俗旅游点，又是生态旅游区。南伊珞巴民族村在该景区内，景区属生态旅游景区，总面积达820公顷，气候条件良好，年平均气温8.2℃，年降水量675毫米左右。

▲ 南伊沟的植物

世外桃源　　南伊沟也是中国人口最少的民族——珞巴族的最大集居地。南伊沟是喜马拉雅山脉间众多风景秀美的沟谷之一，以其古老的历史传说、独特的珞巴风情和原始森林吸引着越来越多游客的目光。南伊沟是一个静谧幽谷，被外界惊呼为"世外桃源"。一条细长细长的马路通往悠长的幽谷；一条清悠清悠的溪水养育一个人口不足3000的民族；一谷幽香幽香的古柏、云杉和藏药见证一个民族仅用50年完成从刀耕火种到现代文明的2000年跨越。进出南伊沟的路很难走，因为曾经是用来运木材的。经过1小时左右的跋涉，可以看到一个原始森林环绕的原始珞巴村庄。珞巴村位于一片斜斜的山坡上，群山环抱，云雾缭绕，整个村庄的建筑都是木头盖的。在这里，似乎感到2 000年历史的风从两山间吹过，如白驹过隙，林涛与流水共吟。放眼望去，河谷平野草甸如茵，一幢幢红墙蓝瓦的藏式小楼点缀其间，让人不禁怀疑人间还有此般"仙境"。

南伊沟动植物　　春天满山桃花杜鹃，秋天满山红叶。南伊沟中动植物资源十分丰富，有造型奇特的各种树木，种子植物720余种。从种群数量看，松科植物占优势，而且古老而高大的"米林云杉王"矗立于扎贡沟内。据专家实测，该树胸经为29.9厘米，树高56.8米，树冠面积达304平方米。在景区内生长的植物中，有许多西藏特有物种，如米林杨、红柄柳、米林繁缕、米林乌头、米林翠雀花、里龙小檗、米林小檗、米林黄芪、米林凤仙花、米林五加、米林虎耳草、米林杜鹃、藏布杜鹃、西藏箭竹、宽柱鸢尾等，也分布着一定数量的珍稀动物；瀑布、草垫随处可见；雪山、冰川，意境吸人。同时，还分布着一定数量的大型食用、药用真菌，颇具原始的野性魅力。

工布第穆萨摩崖石刻

　　工布第穆萨摩崖石刻位于林芝地区甲充（藏语意为"大鹏鸟"）的自然巨石之上，海拔2850米，坐北朝南，略偏东，面临雅鲁藏布江，沿江有公路通过。石刻外貌呈凉亭状，岩石结构，碑前立有2.5米高的方形长条石柱2根，支撑长方形薄石板2块，为遮檐栅，放置于崖壁，石柱为门，当时用石板封闭着。左右边石柱上有0.3米的石凿槽孔，并有用石块砌封的印迹，前边为碑门，石柱上有一条石横拦着，呈石栏杆状，碑前凹下地面0.6米，三方用石块砌成内空1.5平方米碑室。石刻碑面磨光，约呈矩形，高2米，宽1.6米。碑刻文字为西藏吐蕃王朝时期古藏文楷书，字体工整，古朴秀丽，文字清晰，碑面镌刻古藏文21行。其内容分上、下两个部分，上部分镌刻文字11行，下部分镌刻文字10行，在文字下方的凸出崖面上刻有"卍"形符号（藏语叫"雍中"）8个，呈正方形乳雕式，高20米。

　　该石刻已有1200多年的历史，字迹仍然清楚。上面记载了这样一段历史：雅隆部落的第一代首领聂赤赞普，从波密来到工布的强妥神山，从这里开始他的雅隆部落首领生涯，前后共经历七世，全驻跸于藏南青瓦达孜宫。公元1世纪前后，因雅隆部落君臣之间发生权力争斗，第七代首领止贡赞普被杀，他的两位王子聂赤和夏赤逃回工布地区。后来弟弟夏赤从工布返回雅隆，成为雅隆部落的第八代首领布德功杰，而哥哥聂赤则留在工布地区成为工布人的首领，开始了工布土王的沿袭。石刻中说："工布王族系肇一于王兄，永不令外姓为工布王，只命工布王之子孙世袭。"这块摩崖石刻是公元8世纪藏王赤德松赞颁赐给工布王的盟誓文书，并勒石为纪。此后许多年，工布地区都由工布王统治。工布第穆萨摩崖石刻镌刻于公元8世纪末，虽经风雨但至今仍保存完好，碑刻的古藏文文字是西藏历史上珍贵的文献资料，它对研究西藏的古代史与剖析吐蕃王朝的历史，有着重要的价值。

林芝地区其他主要旅游景区（点）

林芝巨柏林　　有"世界巨柏王"之称巨柏林，位于雅鲁藏布江和尼洋河下游海拔3000～3400米的沿江河谷里。在巴结乡境内的巨柏自然保护区，散布生长着数百棵千年古柏，塔形的树冠以及挺拔的树干十分惹眼，这就是西藏特有的古树——巨柏（亦称为雅鲁藏布江柏木）。

仁钦崩寺　　仁钦崩寺是林芝墨脱县最大的寺院，位于墨脱村南则玛拉山上。建寺时间是在门巴东迁后不久，距今约8代人。据传是由甘布寺中的活佛甘布建筑的，最初是一座有12面墙和东西南北四门的石木结构三层建筑，内有镀金铜佛像多座。1950年毁于地震，后重修为东西两门建筑。

帕嘎寺　　帕嘎寺位于工布江达县娘浦乡，海拔5000米。早先属甘丹寺管辖。传说寺内有两灵塔。其一放置甘丹寺第一任赤巴宗喀巴大师的衣帽鞋等。帕嘎寺约建于五世达赖时期，属黄教。寺中共供大小佛像1000多尊，有僧人近百。该寺后的帕嘎神山在工布地区非常有名，山形似多吉帕姆女神，特别是山腰处的多吉帕姆女神肚脐洞处更是灵验，有神洞之称。该洞洞口有两处玛尼堆，洞比较深，大洞和小洞相套，向上延伸，洞顶端有天空，洞内四壁刻有图案和文字。肚脐洞上面的则被认为是多吉帕姆的嘴巴，肚脐洞以上有一个水洞和间歇喷泉。间歇喷泉四季不枯不竭，每四小时喷一次水，一日六次非常准时。此泉又叫"帕嘎神泉"，据说喷水时总有一只雄鹰从洞上飞出。

▼ 帕嘎寺

▲ 察隅风光

察隅自然保护区　察隅位于西藏高原的东南部，是喜马拉雅山和横断山脉交界的地方，由于地势北高南低，河流密布，雨量充沛，所以察隅又称为"水乡"。这里有肥沃的平原，有层层梯田，有水稻、蔬菜、水果等，应有尽有。察隅像一支红花、一幅剪贴画，镶嵌在雪域高原之上。

墨脱　　墨脱地处雅鲁藏布江下游，面积30550平方公里，森林面积3200万亩。墨脱意为"隐秘的莲花"，被誉为西藏的"西双版纳"，境内的居民主要为门巴族和珞巴族。墨脱的气候属喜马拉雅山东侧的亚热带湿润气候区，四季如春，雨量充沛。墨脱平均海拔1200米，在平均海拔超过4000米的西藏高原，它的高度是幸运的，却又是不幸的。它的周围砌着高耸的雪山，像一道巨大的屏风挡住山外的一切资源，再加上一条边境线的圈围，切断了它的视野，并把它降到了井底。

波密　　波密古称"博窝"，藏文意思为"祖先"。这里物华天宝、人杰地灵。因其重要的地理位置、丰富的自然资源，历史上的波密曾长期脱离西藏地方政府管理，成为藏东南的一个独立王国。一部波密古代文明史，便是一部千年藏族部落史。特殊的历史经历造就了波密既不同于康区，又异于工布地区的独特的民俗风情。

▼　墨脱莲花宝地

Traffic 交通

　　林芝地区地处藏东，山高谷深，地形复杂，交通不便。林芝机场于2006年9月1日正式建成通航，是国内支线旅游机场。但由于航班非常有限，目前还不是主要的交通方式。区内交通以公路为主，川藏公路、滇藏公路是进出林芝的主要交通路线。

航空

　　林芝机场位于青藏高原东南部雅鲁藏布江河谷地带，周围都是4000多米常年被云雾笼罩的高山峻岭，飞机起降只能在狭窄弯曲的河谷中飞行，飞行航道最窄处距离峡谷两侧山脊不到4公里。林芝机场飞行区等级为4C级，定位为支线

▼ 林芝机场

159

旅游机场，设计年运送旅客量12万人次。机场跑道长度3公里，宽（含道肩）60米，最大起降机型为波音757，停机坪可同时停放两架该型飞机。

机场多低云天气，风向多变并伴有风切变等紊乱气流，每天14点至18点时段风速增至27米/秒，远高于波音757机型15米/秒的适航标准，飞机只能利用上午时刻起降。根据气象资料统计，机场全年适航时间累计仅有100天。现在林芝机场每天航班只有成都和昆明直飞林芝，由国航提供，这两个航班基本无折扣。

公路

拉萨至林芝八一镇公路全长约410公里，全程一至二级柏油路面，除了极少路段因雨季可能塌方以外，其余路段相当好行驶，途中需翻越一座海拔5020米的米拉雪山，正常行驶速度可达80～120公里，约需4～5小时到达。

从拉萨到林芝，沿途风景秀丽，景点众多，是西藏重要的旅游线路。拉萨—林芝公路，同时又是318国道中川藏公路的拉萨段，也是川藏路路面最好的一段之一，所谓的西藏江南就是这一段。川藏路是四川到西藏的重要通道。目前到林芝旅游，汽车是主要的交通工具，有些没有通公路的地方，比如墨脱、雅鲁藏布江大峡谷，还需要徒步行走。

徒步旅游雅鲁藏布江大峡谷的大转弯处，可乘班车由八一到排龙，徒步由排龙到扎曲游览雅鲁藏布江大转弯和世界上最深的峡谷，途中可以访问门巴族村落，欣赏原始森林。

▲ 拉萨到林芝的沿途风景

市内交通

出租车　　林芝出租车多是桑塔纳，起步价
  0元，一般不打表。

人力车　　林芝市内人力三轮车随处可见，
  一般上车3元。

Lodging | 住宿

由于交通方面的滞后，林芝地区的住宿条件不如拉萨好。旅馆、招待所一般集中在交通比较发达的城镇（如八一镇），此地的宾馆有林芝地区招待所、农牧学院招待所、林芝宾馆等。不过，扎西岗村的家庭旅馆比较有特色，而且价格也比较实惠。

林芝明旺大酒店

明旺大酒店矗立在林芝地区八一镇中心商务、贸易区的黄金地段，是一家集住宿、餐饮、休闲、娱乐、购物、商务为一体的大型商务旅游三星级酒店。酒店同时拥有可提供特色川菜，高档燕鲍翅官府菜，地方风味美食服务的玉膳府酒楼，可容纳350人同时就餐。

酒店特设有娱乐休闲茶楼，可为各位来宾提供高档智能机器麻将、棋牌娱乐等多种服务，是你品茗休闲的理想场所。酒店交通便利，电信宽带、数码打印各种商务、旅游服务设施齐全。商务中心现代化的设备，可为客人提供电脑直售国内国际机票、传真、装订、上网、邮寄等服务。

林芝香帕拉酒店

　　林芝香帕拉酒店，位于林芝地区八一镇奇正路，占地面积7800平方米，其中建筑面积5665.77平方米。酒店建筑局部七层，主体六层，酒店性质为民营企业，完全按照国家三星级标准规划设计并建造。酒店拥有豪华客房70套，并设有可容纳10～80人的会议室两个。

▼ 林芝香帕拉酒店

林芝福建大酒店

林芝福建大酒店是由福建省知名商人、优秀企业家付秀文先生投资，按四星级标准兴建的涉外综合型酒店，位于林芝地区八一镇广州大道肇庆路，占地面积21060平方米，其中建筑占地约7800平方米，园林绿化占地约4600平方米，经营主大楼建筑面积为18350平方米。林芝福建大酒店毗邻林芝地委行署办分大楼、广东会展中心、福建广场、地区审计局、经贸委、新华社大楼、移动公司大楼、建委等，地理位置优越，交通便利。

米林县厦门大酒店

米林县厦门大酒店是由招商引资方式投资建设的涉外旅游饭店，按照三星级宾馆标准建造，现为内部装修阶段，预计2010年6月份首期对外营业。该酒店占地面积1.6公顷，总建筑面积10300平方米。建成后，将拥有70套标准客房，3套豪华套房，3套普通客房。酒店内设餐饮、多功能会议室、商务中心、桑拿休闲中心、茶园、停车场等配套设施。

扎西岗村家庭旅馆

林芝鲁朗镇有个扎西岗村，目前是林芝地区有名的"新农村新文化示范村"，该村之所以名声远扬，是源于现在全村正经营得红红火火的

▲ 扎西岗村家庭旅馆

"农家乐"旅游项目。村民以家庭旅馆的方式为进藏游客提供便利，也迎合了部分驴友的心理。

Food | 美食

　　林芝地区的风味饮食除沿袭西藏的传统风味，如青稞酒、糌粑、酥油和酥油茶，各类灌肠、牛羊手抓肉、凉拌牦牛舌、包子、各种糕点，以及甜茶、奶茶、酸奶、烤肠、风干肉等之外，还有一些特色食品。例如，美味的藏香猪、石锅鸡以及珞巴族食品，珞巴族的酒类有白酒和黄酒，装在大葫芦内酿封，然后放在竹筐或竹筒内加水滤出即为黄酒，酿好的酒经过蒸馏后可制成白酒。其他的有大米和玉米渣做的米饭，还有瓜菜、烤肉、辣椒等。

藏香猪

　　在去林芝巴松措的路上，到处能看到一些在田野上吃草的小猪。这些猪个个身材苗条，身影矫捷，与我们常见的在猪圈中饲养的猪，看上去很是不同。这就是传说中的藏香猪，它们生长在高海拔山区或半农半牧区。在西藏，藏香猪一般被放养在野外的田地里，以食草为生。它们肉质鲜嫩，味道香浓，是西藏特有的绿色食品。藏香猪不仅身材小，还耐寒冷，饲养方式又很粗放，深受当地藏民的喜爱。随着人们环保意识的增强，无公害的绿色食品，成了人们争相选用的食物。最佳菜肴，味美色深，调料芳香可口。

鲁朗石锅鸡

▲ 藏香猪

　　鲁朗镇位于川藏318国道然乌地区到八一地区中间，当地盛产手掌参和由当地含特殊矿物元素石材制作的石锅。以手掌参和土鸡为原料，经这种石锅慢火炖制的鲁朗石锅鸡风味非常独特，汤味有一股淡淡的药材清香，鸡肉嫩而有弹性。炖鸡用的石锅是用一种叫做"皂石"的云母石砍凿而成，而这种石头仅产于墨脱，要靠背夫从墨脱把原始石材背出来后，再由门巴族人用整块石材手工细心凿制，加工时要求下手力道匀称，稍不留意，皂石立刻被凿穿，所以这种石锅售价也非常昂贵。

　　鸡是藏民放养的土鸡，是我国雪域高原特有的地方鸡种，耐寒耐缺氧，生长缓慢，适应于高原寒冷恶劣多变的气候环境，其实也就是藏族地区的野鸡，经驯化后属于藏族地区的原始品种。特殊的地域，特殊的饲养方式，使藏鸡成为享有盛誉的绿色环保天然食品。炖鸡用的水，是雪山上流下的溪水，鸡汤里还放了手掌参、党参等。手掌参是当地所产的一种特殊药材，形如极小的手掌，煮后变得透明。这样做出来的鸡肉不柴不老，鸡汤味道鲜美无比，入口余香深沉。

▼ 鲁朗石锅鸡

▲ 珞巴族的原始烧烤

珞巴族的原始烧烤

　　珞巴族是中国少数民族中人口较少的一个民族，只有2000多人，主要分布在西藏东起察隅、西至门隅之间的珞瑜地区，以米林、墨脱、察隅、隆子、朗县等地最为集中。珞巴族信仰万物有灵的原始宗教和藏传佛教。珞巴族主要从事农业。采集和打猎在生产和生活中也占相当的比重。珞巴族自古就在西藏的塔布、工布、白马岗和喜马拉雅山南麓的广大地域生息。珞巴族所有成年男子的腰间都挂着火镰。不过，从一些饮食习俗的残迹中，仍依稀可见珞巴族先民曾经生食的历史。如一些部落在盟誓时，要饮用血酒。博嘎尔人

（珞巴族的一个部落）每年秋收后杀牲庆祝，把余温未冷的牛血和在酥油中饮用。他们认为，野牛的骨髓吸出来生食味道最鲜美。一部分珞巴人常把獐子肉剁成肉酱，拌上辣椒和姜末作为其他食品的配料。

珞巴族黄酒

珞巴族的酒分两种：一种为白酒，一种为黄酒。用玉米、鸡爪谷、达谢等煮好拌曲后，装在大葫芦内封酿，酿成后放在漏斗形的竹筐或竹筒内加水滤出即为黄酒，是人们常喝的；酿好的酒经过蒸馏可制成白酒。珞巴人喜欢以自酿的酒招待客人，以示敬意。

▼珞巴族黄酒

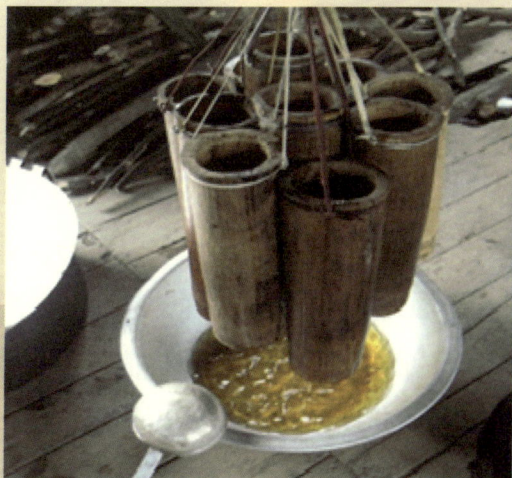

购物

林芝有丰富的森林自然资源，其中包括大量的经济植物与药用植物。经济植物有野芭蕉、野香蕉、野菠萝、野柠檬、野柑橘等，有不胜其数的木耳、蘑菇、竹笋、花椒、八角，有长达100多米的白藤、革婆、结香、昂天莲，有丰富多彩的淀粉植物薯蓣、树蕨、莲花蕨、山龙眼。药用植物更是达上千种之多，常见的有治疗心脏病的五眼果，抗癌药源的海南粗榧，预防疟疾的三台花，延年益寿的延龄草，清嗓润喉的黑节草以及重要藏药南酸枣、钩藤、石斛，名贵药材天麻、三七、五味子、七叶一枝花、灵芝、虫草、贝母、雪莲、草乌等等。另外，林芝还有少数民族所特有的手工艺品，如门巴木碗、竹编、珞巴石锅和陶器等。

野生松茸

松茸，学名松口蘑，是名贵食用菌之一，享有盛名，被视为"食用菌之王"。松茸味道鲜美，香气扑鼻，是宴会上稀有佳肴。松茸营养丰富，还具有较高的药用价值，含粗蛋白质17%，粗脂肪5.8%，可溶性无化合物61.5%，还含有丰富的维生素B1、B2、C、尼克酸、钙、磷、铁等。松茸具强身、益肠胃、止痛、理气化痰、抗糖尿病和驱虫等功效。

近年来发现松茸含有具备抗瘤活性的"松茸多糖"，能提高人体的自身免疫能力，是食药兼用真菌中抗癌效果较好的一种。据日本有关资料报道，松茸抗癌效果可达90%以上。由于地理原因，林芝野生松茸无任何污染，所以备受消费者的青睐，主要出口日本、韩国等国。

▲ 松茸

▼ 秦艽

秦艽

秦艽为龙胆科多年生草本植物，味苦辛，性温，归胃、肝、胆经。秦艽的主要功能是祛风温、清温热、止痹病，用于筋脉拘挛、骨节烦痛、日晡潮热，小儿疳积发热等症状。现代临床应用发现，秦艽有显著的抗炎和升高血糖的作用，并有明显短暂的降压和减慢心率作用。煎剂有镇静、镇痛和利尿的作用。秦艽主要长于草地及湿坡上，春、秋二季采挖，除去须根及泥土，堆置至表面呈红绿色或灰黄色时，切厚片，摊开晒干。林芝地区米林县年产量可达50吨左右。

雪莲

▲ 雪莲

雪莲是菊科风毛菊属雪莲亚属的草本植物，种类很多，在西藏一直是圣洁的象征，因为它总是生存于冰山雪地之中。在林芝地区，雪莲生长在海拔4000的高山荒坡以及雪线附近碎石间，雪莲的这种适应高山环境的特征是它长期生长在高山寒冷和干旱条件下形成的。由于雪莲的细胞内积累了大量的可溶性糖、蛋白质和脂类等物质，能使细胞原生质液的结冰点降低，当温度下降到原生质液冰点以下时，原生质内的水分就渗透到细胞间隙和质壁分离的空间内结冰。而原生质体逐渐缩小，不会受到损害。当天气转暖时，冰块融化，水分再被原生质体吸收，细胞又恢复到常态。雪莲是一种高疗效药用植物，繁殖困难，生长缓慢。该亚属的植物有20余种，绝大部分产于我国青藏高原及其毗邻地区。雪莲全草均可入药，有祛寒、壮阳、补血和暖宫之功能，主治妇科病、风湿性关节炎及肾虚、腰痛等病症，水母雪莲还有强心作用。雪莲一般水煮饮用或浸酒饮用，外敷消肿。

波密马麝

波密主要产马麝，体形较林麝大，全身呈棕色，通常仅颈部有少量模糊黄点，颌颈下和腹部呈黄白色。雄麝上颌犬齿发达，露出唇外，向下微曲，俗称"獠牙"，脐部有香腺囊，囊内包含麝香。雌麝上颌犬齿小不外露，也无香腺囊。

▲ 波密马麝

阴干的麝香囊即为"整麝香"，又称"毛香"，为扁圆形或椭圆形的囊状体，重量依年龄不同而异。囊内的麝香仁有浓烈香气，为猪肝色或紫红色大小不等的颗粒和粉末。麝香的主要成分为麝香酮，此外尚含有多种雄（甾）烷衍生物以及麝吡啶等。麝香性温，味辛，有开窍、通络、辟秽、散瘀之效。对中枢神经系统的作用为小剂量兴奋，大剂量抑制。麝香还有抑制大肠杆菌和金黄色葡萄球菌的作用等，能治中风不醒、痰迷心窍、心腹暴痛、痈疽肿毒、跌打损伤等症。麝香还是一种高级香精原料。

天麻

▼ 天麻

　　天麻块茎长椭圆形，表面黄白色至淡黄棕色，略透明，多不规则皱纹，有由潜伏芽排列成的多轮横环纹，具点状痕点或膜质鳞叶，有时可见棕黑色菌索。顶端有残留茎基（春麻），或为红棕色鹦哥嘴状顶芽（冬麻），末端有自母体麻脱落后的圆脐形疤痕。天麻气微，味甘，微辛。天麻是著名的中药材，畅销国内外市场。《神农本事经》记载着天麻有治疗惊风、神志昏迷、提气益神的功效。波密县盛产天麻，波密天麻因其品质优良、价值独特而在全区久负盛名。

门巴木碗

▼ 门巴木碗

　　门巴木碗是久负盛名的优秀工艺品，它是用硬木树根或树瘤等加工制成，木质细密坚硬，花纹别致美观，用它饮酥油茶或盛酒有一种特殊的香味。门巴木碗不变形，不破裂，不褪色，经久耐用，便于携带，深受藏族人喜欢。特别是以岩柏、白青和桦树的树根或树瘤制成的木碗还有防毒的功能。根据品质的不同，可将门巴木碗分为三种：上等为"杂雅"，以镶银边者为最佳，这种碗制作精良，美仑美焕，是难得的珍品；中等为"锅拉"；下等为"索果尔"。

娱乐

在漫长的人类社会发展历史过程中，林芝地区各民族形成了自己独特的具有浓厚林区色彩和宗教色彩的节庆和娱乐活动。除了藏历新年以外，比较有代表性的还有工布新年、波密松宗赛马节、西巴斗熊节、娘古拉苏节、苯日神山拜鹰节、生殖崇拜以及各种民间舞蹈表演。

工布新年

关于工布新年的来历，有这样一种说法：在公元7世纪的吐蕃时期，林芝受到北方霍尔人的侵犯。又一年的深秋，工布王阿吉杰布将带领工布的男人出征，此时离过新年不远了，人们有点恋恋不舍离家。阿吉杰布是位通情达理的首领，他说："仗不能不打，年也不能不过，不打仗过不了年，不过年也没心思打仗，我决定把工布的年提前到十月一日来过，我们吃得饱饱的，喝得足足的，再出发打仗。"于是他们提前过了年就出发了。由于心里痛快，作战很英勇，最终取得了胜利。从此以后，工布就每逢藏历十月初一过年了，这一习俗一直流传到今天。

工布新年有独特的习俗。每到年三十傍晚，家家户户都要把过年的食品"措"（用糌粑做成的祭品）、油炸果子、牛羊肉、酥油、奶渣、

▲ 工布新年

人参果、红糖、干桃、苹果等摆在木盘里，放在院子中央，呼唤狗来吃。工布人认为狗吃什么和不吃什么都会预示来年的年景。吃了措或饼子，就是粮食丰收；吃了奶渣和酥油，兆示牧业兴旺；吃了干桃，全家幸福安康。狗赴宴后，全家围坐在一起，吃一种叫做"结达"的食品，这是一种用酥油、奶渣和面调成的面疙瘩，串在木棍上烤着吃，大家要尽可能多吃，吃得饱饱的，鬼来了背不动人。

波密松宗赛马节

松宗赛马节是波密县松宗镇扎西曲林寺在每年藏历三月十五日至十六日举行的祈祷大法赛马会，是融宗教活动与文化、体育活动为一体的民间传统盛会。赛马节上人戴哈达，马披红花，举行精彩的马术表演。

其他群众则以村为单位身着统一的民族服饰，手拉着手，围成一圈，自发表演波密锅庄，千人齐舞的场面，恢弘壮观，热闹非凡。

在活动的第一天，波密县松宗镇农牧民群众首先开展赛马和人力赛跑活动。由各村抽选最好的马匹和骑手参加赛马，选派优秀的选手参加人力比赛。比赛中各个选手精神抖擞、朝气蓬勃，积极发扬"友谊第一、比赛第二"的体育竞技精神，不仅充分展示了各村农牧民群众拼搏进取的体育竞技精神和不甘人后、勇夺冠军的良好精神风貌，而且展现了现在农牧民群众健康向上、幸福快乐的新生活。在赛马和人力赛跑活动结束后，按照规定，各村进行大型锅庄表演比赛。各村男女身着节日的盛装，迈着矫健的步伐，唱着欢快的歌曲翩翩起舞。在歌声与舞步中表达着自己的幸福生活，展示着各村良好的精神风貌。歌声跌宕起伏，舞步欢快整齐，唱出了新生活，跳出了新希望。

民间舞蹈

处于雅鲁藏布江中下游山山水水环抱的林芝地区各县，是高原古人类生息繁衍的地方，气候适宜，物产丰富，藏族和珞巴、门巴等少数民族以及僜人用智慧和勤劳的双手开发和经营着这片土地。这里的民间歌舞也风格独特，并具有自己的个性特征。

▲ 千年核桃王民俗文化村舞蹈表演

巴尔曲德松珠节

巴尔曲德松珠节是林芝地区最大寺院朗县的巴尔曲德寺在每年藏历四月组织举行的一场宗教佛事活动，内容以跳神为主。节日一共四天，前三天为跳神表演，第四天为活佛摸顶。整个活动带有浓厚的藏传佛教色彩，佛事活动舞姿神秘热烈，沉重激烈中有轻松诙谐，华美隆重中有狰狞威严，体现了僧俗大众朝拜神佛，祈求今生福乐和来世转生的宗教文化。

生殖崇拜求丰收

珞巴族民间流传着一个珞巴语叫做"莫朗"的节日，节期在农历腊月或正月由巫师择定。届时，全村男青少年排列为一行，身着盛装，在巫师带领下到邻近各村巡游，在路过田野时，巫师撒大米粒，青少年挥舞长刀，敲打铜盘，队尾的一个老头子沿途撒大米粉。在经过即将播种的土地时，举着竹制男性生殖器的青年就到地里跳生殖舞。每到一个村子的广场上就唱歌舞蹈，该村群众备酒热情款待。巡游队伍要走遍本部落的所有村落。这一节日意在预祝丰收。因为人们认为庄稼的繁殖和人的生育是一个道理，所以在地里跳生殖舞。在一些珞巴族地区，仍能看到自家房屋旁竖立有许多个用木桩做成的男性生殖器，为的是祈求人丁兴旺。

TIPS 温馨小贴士

藏族的饮食礼仪

藏族的饮食礼仪深刻地反映着藏族的伦理精神。家中酿了好酒，头道酒"羌批"敬献神灵后，首先由老人品尝。每年收割新粮食，尝新也是老人们的"专利"。日常家庭就餐，由主妇掌勺分发食物时，首先是为长者盛，然后全家围聚进餐，其乐融融。藏族人十分好客，待客热情周到，若有宾朋登门，定会倾其所有，拿出好酒好茶好菜盛情款待。喝茶时，碗中的茶不能随便喝干，而是喝一半或一大半，斟满后再喝，最后结束喝茶时也不能全部喝干，而要留下少许，表示茶永远喝不完，财富充足，寓意颇深。若客人到来，女主人会取出珍藏的擦拭得光亮照人的瓷碗摆放于客人面前，斟满酥油茶后双手端碗躬身献给客人。客人接茶后不能急匆匆张口就饮，而是饮啜数次后碗内留下约一半，将茶碗放于桌上，女主人会续满，客人不能立刻端起就饮，而是在主人一次次敦请下边同主人拉话边慢慢啜饮。客人每次饮茶后主人会很快添满，使茶碗保持盈满状态。

D 山南篇

ShanNan

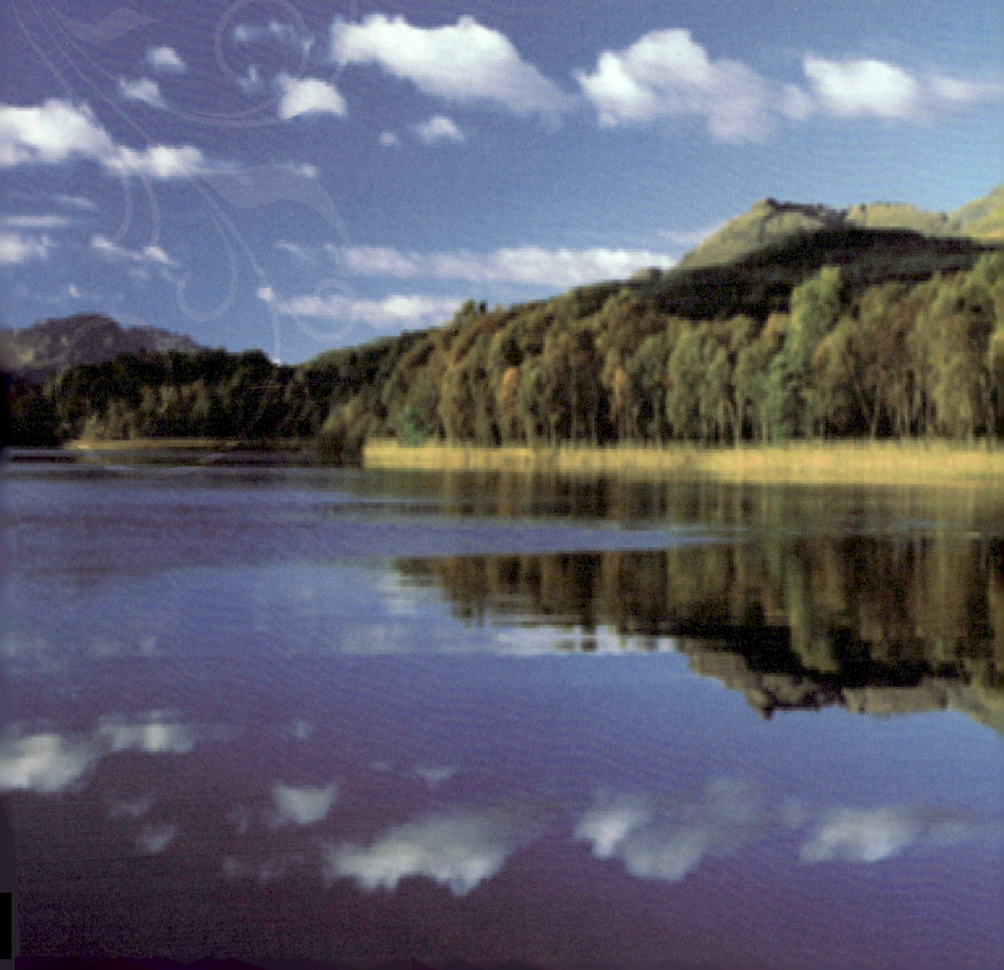

西藏 山南地区位于冈底斯山至念青唐古拉山以南的河谷地带，雅鲁藏布江中游，地处西藏南部边陲。全地区共有12个县、24个镇、56个乡、596个行政村，总面积为7.97万平方公里（不含印占2.87万平方公里），总人口31.8万人，有藏、汉、门巴、珞巴等14个民族，其中藏族占96%。山南地区行署所在地在泽当镇。

山南地区年平均气温7.4～8.9摄氏度，夏季短而凉爽，冬季漫长而干旱，风大且频，结冻时间长，早晚温差大，无霜期短，有"藏南谷地"之称，平均海拔3700米左右，北与拉萨毗邻，西连日喀则地区，东连林芝地区，南与印度、不丹接壤，边境线长达630公里。

山南是藏民族的摇篮和文化发祥地，西藏历史上的众多杰出人物都诞生在这里，她以博大的胸怀和聪明才智创造出了瑰丽多彩的雅砻文化和西藏历史上的众多第一。山南地区有着众多的文物古籍和十分丰富的旅游资源：既有壮丽的山川河流，又有神秘的神山圣湖；既有神秘的原始森林，又有辽阔的草原；既有风光无限的自然景观，又有久负盛名的文物古籍。雅砻风景名胜区有7大景区、58个景点，是一个集旅游、娱乐、休闲、科考、探险于一体的地方。

山南地区江河稠密，全地区最大的河流雅鲁藏布江中游地段在山南形成302公里的宽广地带，最宽处达7公里，流经贡嘎、扎朗、桑日、加查、曲松、乃东、浪卡子7县，滋养着沿江两岸万亩人工林地。在这里，拥有一个国家级风景名胜区——雅砻河风景名胜区。全地区共有大小河流41条，其中雅砻河、温区河、沃卡河、增其河流域旅游资源集中。全地区有大小湖泊数十个，其中以富有神奇色彩的圣湖拉姆纳措、素有"碧玉湖"之称的羊卓雍湖和"草原明珠"哲古湖最为著名。这些湖泊是集高原湖泊、雪山、岛屿、牧场、温泉、野生动物、名胜古迹等多种景观为一体的综合性高原自然风景区。

雅砻河风景名胜区

雅砻河风景名胜区是国务院公布的目前西藏唯一国家级风景名胜区，占地面积920平方公里，拥有7大景区、58个景点，风景区涉及乃东、琼结、桑日、曲松、加查、扎朗、贡嘎、浪卡子等8个县，景区中心位于山南地区政治、经济、文化中心的泽当镇。

雅砻河　　雅砻河藏语意为"从上游下来的大河"，发源于雅拉香山，山上终年冰雪覆顶，云雾缭绕。雅砻河在泽当镇西边注入雅鲁藏布江，全长仅68公里，但是在藏族历史上极为有名。这里有雪山冰川、田园牧场、河滩谷地、高山植被，也有神山圣湖、历史古迹和古朴的民风民俗，集人文景观与自然景观于一体。名胜区以其得天独厚的自然条件和丰厚的历史文化积淀，成为藏民族历史文化宝库中一颗璀璨夺目的明珠。

自然景观和人文景观　　雅砻河风景名胜区是藏文化的摇篮和藏民族的发祥地，是以藏民族历史、佛教文化遗存为主体，壮丽自然的高原风光为背景，绚丽多彩的民族风情为特征，是我国目前海拔最高，人文景观最集中、最突出的大型高原风景名胜区，极具旅游观光、文化科考价值，是不可多得的人类宝贵遗产。该区雪山冰川、田园牧场、河滩谷地、古老文化遗址和民风民俗等构成一幅幅神秘、古朴而壮丽的画面。区内植物种类丰富，植被随海拔变化呈垂直带分布。河谷地区带季雨林，被誉为西藏的西双版纳。雅砻河风景名胜区的人文景观体观了藏民族最早在山南地区的文明。

雍布拉康

雍布拉康，藏语意为"母子宫"，位于乃东县东南，雅砻河东岸的山顶上。据说那里是西藏第一个藏王聂赤赞普所建的第一座宫殿。雍布拉康是西藏的古老建筑，相传雍布拉康周围有山、水、鹿、鸟、人、树等六长寿，象征着神圣的含义。前后两部分均以石块砌成，巍峨挺拔、气势雄壮。殿堂内现供奉吐蕃松赞干布和文成公主、尼泊尔尺尊

▼ 雍布拉康

公主塑像，造型精美。此外，殿内还保存有很多历代文物和典籍。

历史　　雍布拉康已有2100多年的历史，是一座三层建筑。一层的前半部为门厅，面积33平方米，门厅外是一个带檐的小平台。后半部是佛殿，供有松赞干布、文成公主等的塑像。第二层亦分前后两部分，前半部为三面环绕矮墙的平台，后半部是带天井的回廊。五世达赖喇嘛时在碉楼的顶部加盖了四角攒尖式金顶。雍布拉康除部分僧房外，还有一间供历世达赖喇嘛来此礼拜时居住的卧室。

传说　　雍布拉康的历史与西藏的第一代"赞普"（藏王）聂赤赞普息息相关。传说中聂赤赞普本是天神的儿子，后降临人间，来到现在的山南境内，被12个放牧者看见了。牧人问他从哪里来，他以手指天示意，众牧人见他相貌英武、仪表非凡，认定是天神下降，便抬之而归，成为雅砻河谷各部落的首领。因他以牧人的颈项为座，就被称为"聂赤赞普"，也就是"颈座王"。聂赤赞普其实是实实在在的历史人物，根据《雍布拉康志》、《迪乌宗教源流》等藏文史籍的记载，聂赤赞普出生在西藏波密，因相貌古怪、性格刚烈，被家庭放逐，当他游历到雅砻河谷时，结识了12名代表当地各部落利益的苯教徒，并被推举为王。随后，聂赤赞普将周边小邦收归为属民，宣扬苯教（西藏原始宗教）。

桑耶寺

　　桑耶寺被誉为"西藏第一座寺庙"，位于山南扎囊县雅鲁藏布江北岸的扎玛山麓，距离泽当镇38公里，是藏传佛教史上第一座佛、法、僧三宝俱全的寺庙。

兴建背景　　桑耶寺建造年代大约是公元8世纪中叶，吐蕃王朝第五代赞普赤松德赞时期。赤松德赞在西藏历史上被称为"师君三尊"之一。公元754年，赤松德赞执政，为巩固政权设计除掉了崇尚苯教的大臣，弘扬佛法抑制苯教。为此，他曾经从印度迎请高僧寂护、密宗大师莲花生入藏传经，使佛教由此开始扎根在雪域高原。

兴建历史　　桑耶寺于公元762年开始兴建，寺院选址于藏王赤松德赞的出生地、藏王赤德祖赞的冬宫附近。由莲花生大师主持兴建，建筑仍保持寂护大师的原设计，赤松德赞亲自主持了奠基。寺院于公元779年建成后，赤松德赞邀请印度、汉地、于阗等地僧人住寺讲经弘法，为寺庙做了许多工作。剃度七名贵族子弟出家为僧为其中之一，这七人因而成为西藏第一批真正的住寺僧人。数年后，这七人都被委任为讲经的规范师，被后人奉为西藏藏传佛教的先驱者，声名显赫于佛教界和西藏的历史，史称"桑耶七觉士"。赤松德赞弘佛抑苯，并宣布吐蕃全民信仰佛教。

名字由来　桑耶寺名字的由来很有意思。据说，为了满足一下国王急于见到寺庙建好后景象的迫切之心，莲花生大师再展神功，在自己的手心变幻出了寺院的幻影，赤松德赞惊呼一声"桑耶"（"出乎意料"的意思），于是该寺也就因国王一声惊语而被命名为桑耶寺。

结构布局　桑耶寺的整个寺院布局，是按照佛经中的"大千世界"

▼ 桑耶寺

的结构布局设计，依照密宗的曼陀罗建造：乌孜大殿代表世界中心须弥山，大殿周围的四大殿表示四咸海中的四大部洲和八小洲，太阳、月亮殿象征宇宙中的日、月，寺庙围墙象征世界外围的铁围山；主殿四周又建红、白、绿、黑四塔，以镇服一切凶神邪魔，防止天灾人祸的发生。围墙四面各设一座大门，东大门为正门。寺院建成后，莲花生在这里剃度第一批藏人出家为僧，即"桑耶七觉士"。此寺因而成为西藏第一座佛、法、僧三宝齐全的佛教寺院。

壁画　　桑耶寺因藏王赤松德赞创建时融合了藏、汉、印三种建筑风格，所以被称为"三样寺"。寺院内珍藏着西藏自吐蕃王

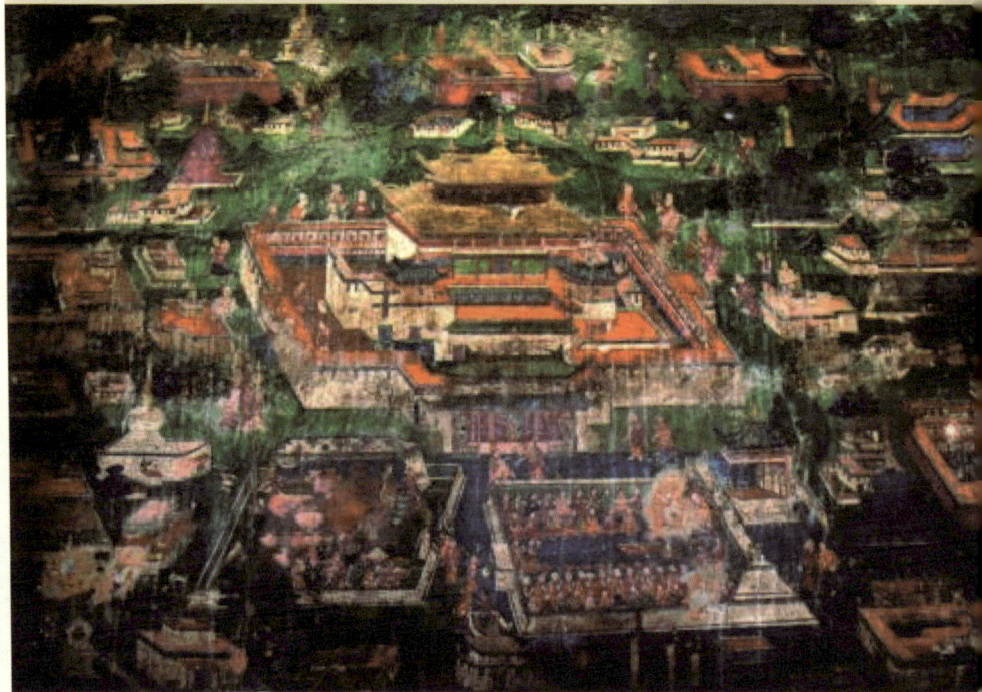

▼桑耶寺壁画

朝以来各个时期的历史、宗教、建筑、壁画、雕塑等多方面的遗产,集西藏古代文明之大成。《贤者喜宴》中曾赞道:"此寺是难以想象之建筑,此世间无以伦比之寺院。"大殿坐西朝东,高三层,式样别致。大殿和甬道回廊里均绘满了各种题材的壁画。除了一些可以在其他寺庙里也能看到的传统的宗教绘画外,在桑耶寺乌孜大殿内围墙中层廊道上有著名的"西藏史"壁画,画中记载了从远古传说的罗刹女与神猴结合繁衍开始,一直到宗喀巴创立格鲁派。壁画长92米,恢弘壮丽,被誉为西藏的"绘画史记"。此外,在乌孜大殿1层和2层有"桑耶寺史记",2层的南侧有"莲花生传记"等精美的壁画。

传说 赤松德赞授命寂护大师建造西藏历史上第一座寺庙桑耶寺,但建寺过程中却屡建屡垮,原因据说是此地妖气很盛,鬼魔横行。寂护大师虽有满腹经纶,但对于这些邪魔外道也没有任何办法。看着寺庙老是建不起来,英明的赤松德赞就把精通密宗咒术、擅长降魔伏妖的莲花生大师请来帮忙。不过莲花生大师果然厉害,和邪魔外道们飞沙走石一顿较量,最后终于邪不压正,妖魔们被教训后,有的流落异乡,逃到了偏僻的藏东崇山峻岭中,有的被莲花生大师教化成了佛教的护法神。

拉姆纳措

"拉姆纳措"藏语为"圣母湖"之意，面积1平方公里左右，位于西藏山南地区加查县境内。站在海拔5100米的雪峰上俯瞰，周围环绕着峻峰，神湖犹如一大块绿色翡翠，镶嵌在群峰环视下。

神奇的拉姆纳措　　拉姆纳措虽不比玛旁雍措那般的圣洁，不及纳木措那般的壮阔，但是它在藏传佛教中却有着最神奇的力量。传说这里是仙女班旦拉姆的化魂地，她的出名是因为她具有未卜先知的神秘功能。只要你虔诚地向那醉人的深蓝色湖面凝望，湖水就能为你显示出各种不同的幻影，启示你的来世今生和未来的命运。西藏每代达赖喇嘛的转世灵童都是在湖的启示下寻找，而且每代达赖喇嘛都要到神湖朝拜一次。

▼ 拉姆纳措

朝圣　　神湖是西藏群众探求命运的宝镜，神湖在西藏家喻户晓，神湖吸引着无数的善男信女。朝圣路上，旅客时而在高山上盘旋，时而在森林中穿越，时而在草原上漫步，时而在河溪边行进，那沿途间隔着的一堆堆玛尼石堆仿佛一座座无字路标，为朝拜者指引着道路。那胸怀无比虔诚，不辞艰辛探求命运的勇者，神湖洁亮如镜，为他们展现美好的未来。

藏王墓

　　藏王墓是迄今为止发现的规模较大、保存较完整、史书确切记载的吐蕃藏王陵墓群。陵墓修建年代约从公元7世纪30年代开始，一直延续

▼ 藏王墓

到公元9世纪末，历时300多年，是吐蕃第二十八代赞普拉托托日年赞至末代赞普朗达玛及其王子沃松等共十六位藏王及王子、王妃的墓葬群。藏王墓位于琼结县城以南的平坝上，墓群分布范围，东起顿卡沟口，南靠穆热山脚下，西至琼果沟口，东西长2076米，南北宽1407米，总占地面积达305万平方米，墓区平均海拔为3700米。

分布　　从第二十九代赞普赤年松赞起，修建陵墓的地点方位、墓名都有较详尽的记载。目前能够初步确定的陵墓有二十一座，分东区和西区两块，东区顿卡沟口有六座，西区在穆热山北麓和琼果沟口有十五座。能够确认墓主的有九座，包括松赞干布墓、芒松芒赞墓、赤德松赞墓、赤松德赞墓、赤德祖赞墓等。

松赞干布墓　　松赞干布墓是整个墓群的主墓，墓门往西南开，这是表示面向释迦牟尼的故乡，对佛教的虔诚。墓边长100米，墓高13米。墓顶上建有佛堂，是13世纪宁玛派著名的伏藏大师修建的，那时佛堂以十二柱面积的主殿为中心，配有三世佛堂、护法神、僧舍等附属建筑。在墓顶边和墓脚分别修筑了里外中三堵围墙，采取了重点保护措施。目前的佛堂是20世纪80年代重修的，供奉着松赞干布及二王妃、二大臣、三世佛等塑像。据史书记载，松赞干布的陵墓里共有5个神殿，殿内有松赞干布、释迦牟尼和观音菩萨的塑像。此外，还有大量的金、银、珍珠、玛瑙等随葬品。据说，墓本身位于中央的那座神殿里，墓的一侧埋有他在世时出征的金盔甲一副，脚部用缎子包着珍珠两克半（藏族的重量单位，约28斤），这是松赞干布的财份；头部埋有珊瑚制成的神像，这尊像能给松赞干布带来光明。墓的右侧埋有用纯金做的骑士和战马，它们是松赞干布死后的侍从。

选址　　吐蕃赞普把陵墓建在琼结县的原因有二：一是琼结是块风水宝地，人杰地灵，从吐蕃第九代赞普布德贡杰到第十四代赞普伊肖列在琼结先后修建了达孜、桂孜等六座宫殿，成为自第一座宫殿雍布拉康之后第二座吐蕃王宫。当时吐蕃的都城也在琼结，因此，琼结是吐蕃王朝的大本营，是吐蕃社会的政治、经济、文化活动中心。二是松赞干布统一西藏高原后虽然政治中心从山南迁到拉萨，但旧王族仍然居住在琼结一带，而迁到拉萨的赞普们为缅怀祖先创业的功勋及不忘哺育自己祖先的雅砻河谷，他们经常回来居住，为了永远不忘根本，吐蕃历代赞普去世后到这里来埋葬。史书记载藏王墓区共有三处石碑，目前发现两处石碑、两只石狮子，石碑与石狮子造型风格基本与唐代一致，说明藏王墓建造风格吸收了唐代的特点，也反映了藏汉文化密切交往和融和的真实历史。

贡布日神山

贡布日神山位于雅鲁藏布江南侧，临近泽当，为西藏四大神山之一，海拔4000多米，从山脚至山顶约2000米。此山是藏民族先民繁衍的母体，传说登上此山，只要诚心拜佛，有福气的人便会见到山上的仙境。

传说　贡布日山有三座峰，第一座峰是央嘎乌孜，第二座峰是森本乌孜，第三座峰最高，叫作竹康孜。相传，猴变人的故事就发生在这里。传说远古时期，在荒无人烟的雪域高原，一个神猴禀承观世音菩萨之命来到贡布日山上修行，此时一个罗刹女来到神猴身边，要求与神猴结合，否则她只能与魔鬼结合，生下无数魔子魔孙，残害生灵。神猴本着"与人为善，普渡众生"的教义，在征得观世音菩萨许可后，与魔女喜结良缘并生下六只小猴。后来猴子越来越多，林中的果子却越来越少，众猴面临着饥饿而死的危险。在竹康孜修行的菩萨从

▲ 贡布日神山

须猕山中取出天生五谷种子，撒向泽当附近的一片土地上——索当。众猴从此得到充足的食物，并进一步学会了种植。劳动逐渐使猴变成了人，也就是雪域先民。

猴子洞　　传说中神圣地点——猴子洞至今仍然存在，位于贡布日山山腰上。此洞是自然形成的岩洞，洞高25米，宽6.95米，沿洞口方向进深125米处有一条向上的斜道。在距洞口0.96米处有一裂缝，裂缝处有一猴子头形，传说是最早与罗刹女结合的猕猴。岩洞东南石壁上有猕猴手捧"曼扎"坐在莲花上的彩绘壁画及小猴画像，还有浅刻的石板佛像及"六字真言"的各种石刻，五彩经幡比比皆是。

　　贡布日神山脚下有两处泉水，南边的泉水治鼻窦炎和牙痛，东边的泉水治关节炎等疾病，泉水周围环境优美，是游客理想的旅游休闲好去处。

昌珠寺

　　昌珠寺是西藏第一座佛堂，位于山南雅砻河东岸的贡布日山南麓，距乃东县约2公里，属格鲁派寺院。就像西藏许许多多的地方一样，说到昌珠寺，不得不提到那位作为汉族妇女多才多艺杰出代表的文成公主。相传，文成公主为建大昭寺，夜观天象，日察地形，发现吐蕃全城的地形极像一个仰卧的罗刹女，将不利于吐蕃王朝立国，必须在女妖的四肢和心脏建庙以镇之。于是，女妖心脏上建了大昭寺，四肢之一的一臂上建了昌珠寺。藏语中"昌珠"的意思是"鹰鸣如龙吼"。传说建昌珠寺的地方以前是一个湖泊，湖中常有一个五头怪龙作乱，松赞干布为除此害，亲自变成一大鹏鸟与怪龙进行了多次殊死搏斗，最后将妖龙的五个头一一啄了下来。因此，这座镇妖之寺的名字就叫作了"昌珠寺"，以纪念英勇的松赞干布降伏妖魔。

▼ 昌珠寺

195

布局　　昌珠寺共二层，砖木结构。底层供松赞干布像，二层殿名"乃定学"，传为昌珠寺中最古老的殿堂，主供莲花生佛像。该寺东西长45米，南北宽29米，面积1300余平方米，其形式与拉萨的大昭寺类似。主殿里供奉着一幅当年乃东泽措巴的珍珠唐卡，是一件世界罕见的珍宝。

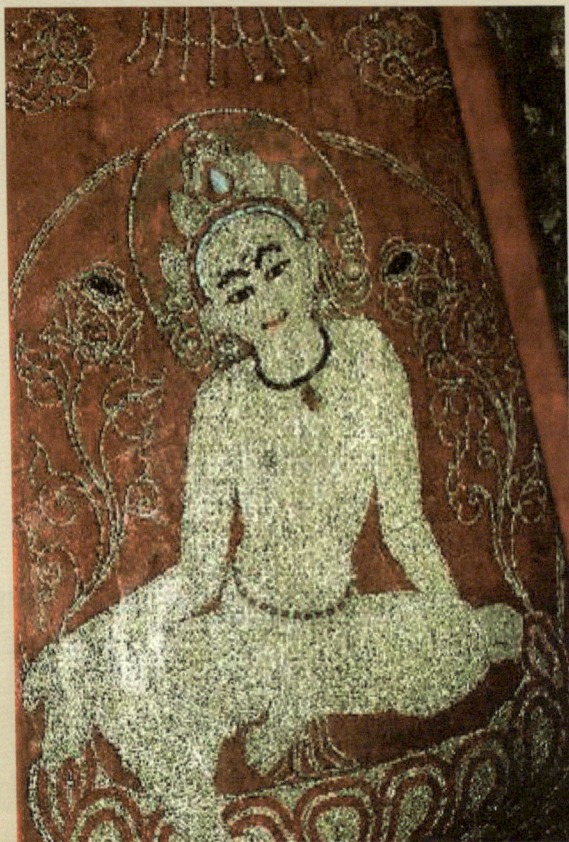

▲ 珍珠唐卡

镇寺之宝　　提到昌珠寺，让人不禁想到它那声名远扬的镇寺之宝——珍珠唐卡，这是一件世界罕见的珍宝。珍珠唐卡所画的是观世音菩萨憩息图，是元末明初的西藏帕莫竹巴王朝时期，由当时的乃东王的王后出资制成的。整个唐卡长2米，宽1.2米，共耗珍珠26两（计29026颗），镶嵌钻石一颗、红宝石二颗、蓝宝石一颗、紫宝石0.55两、绿松石0.91两（计185粒）、珊瑚4.1两（计1997颗）、黄金15.5克。珍珠唐卡每天吸引许多信徒游客前来观瞻朝拜。

哲古湖

哲古湖位于西藏山南地区措美县境内的哲古村，整个湖面大约有70平方公里，平均水深约20米，海拔4100米左右，是苯教的圣湖。哲古藏语意为"弯刀"，因湖的形状像一把弯刀而命名。该湖曾与西藏著名的神山之一——雅拉香布雪山，成为西藏古代南方朝圣之地。这里是藏羚原生地、野驴竞技场，也是"东方女儿国"的重要组成之一。哲古湖有着与纳木措、巴松措不一样的迷人风光，湖的周围是广阔无垠的哲古草原，总面积达322亩，是一片水草丰美的天然牧场，这里随处可见成群结队的藏野驴、黄羊和岩羊追逐嬉戏。夏末秋初，哲古湖畔游人可与这些野生动物近距离接触，人与自然和谐相处的情景，在蓝天白云下，仿佛一幅彩色的图画。

▼ 哲古湖

哲古湖景区可以开展湖光山水自然生态游。湖上可以开展形式多样的水上娱乐活动，在湖南面的草原上建立一个旅游观赏点，景区的湖光山色尽收眼底，正前方可以观赏洛扎县境内连绵起伏的群山，犹如巨龙起舞，与夕阳相映，十分壮观。后方是雄伟壮观的雅拉香布雪山。景区内有多种国家级保护动物，有野驴、黄羊、草狐狸等，这些野生动物结伴而行，少则20余头（只），多则上百头（只），气势十分雄壮，极具观赏价值。因而，哲古湖既是游客观赏秀丽风景的景区，也是观赏野生动物的景区。

勒布沟亚热带原始风光

勒布沟，位于措那县境内，是喜马拉雅山南麓的一个著名风景区。从海拔4300米的棒拉山口，沿盘山公路下到海拔2700米的勒布沟，虽近在咫尺，却让人真切体会到了"一山有四季，十里不同天"的奇观。原始森林遮天蔽日，亚热带风光神奇迷人。流泉飞瀑在崇山峻岭、茫茫林海的衬映下，若隐若现，恍若仙女的飘带，使这个天然画廊充满了灵气。

民族特色　　勒布沟还是我国少数民族——门巴族的主要聚居地。世世代代生活在这里的门巴族人民，热情纯朴，勤劳智慧。他们有自己的语言、服饰、歌舞。特别是门巴民居独具特色，因为勒布沟地处喜马拉雅山南坡温热的谷地，所以门巴民居大多是干栏式的房子。住房一般都是就地取材，用木头、竹子、草、石块等建盖，房屋多半是两层小楼，外有晒台，用木板、石块或竹篱笆做墙。

神奇传说　　相传勒布沟还有莲花生大师的修行之处，因为这里有莲花生大师修行处的一处瀑布。在通往瀑布的密林中，随处可见一处处的拜谒地。人们带着一些神奇的传说故事，来到瀑布跟前。在丝丝落雾当中，漫步在勒布沟欣赏亚热带原始风光时，仿佛受到了神灵的洗礼。

山南地区其他主要景区（点）

普莫雍措　　普莫雍措海拔5010米，位于浪卡子县，羊卓雍措南面，喜马拉雅山北麓山前盆地内，盆地四周山地环抱，东、西主要为洪积与冲积平原，南面为冰水平原，地势开阔，丰水年份仍有湖水外泄。湖泊东西走向，长32.5千米，最大宽14千米，平均宽8.93千米，面积290平方千米，湖岸线长94千米，为藏南最高的大湖。

▼ 勒布沟亚热带原始风光

▲ 普莫雍措

沃卡温泉　　沃卡温泉位于桑日县城以东约60公里的沃卡乡内，七处温泉散布在一块不大的草地上，组成了沃卡温泉。这些温泉分别对胃病、眼病、皮肤病等有疗效，周围景色优美。浴池可以从地下水渠引入温泉水和曾期河水，并分别建有小水闸，以便随时调节水温的高低。池水有出口，使得浴池中的水保持清洁。浴池面积近16平方米，在池内有一方石座位，池边有洗头池，据说每当达赖喇嘛去圣湖朝拜路经这里，都要在此沐浴、休息。卓罗卡温泉是沃卡水温最高的温泉，据说该水可以医治百病。现在不少藏民和游客都怀着虔诚敬意到沃卡温泉中的卓罗卡温泉沐浴。卓罗卡北面的觉琼邦温泉可以治胃病，去的人也很多。

雅砻民俗文化村　　西藏山南雅砻民俗文化村位于雅砻河风景名胜区内的山南乃东县昌珠镇，地处冈底斯山至念青唐古拉山以南、雅鲁藏布江中游，交通、通信便利，气候温和宜人。文化村占地面积2866平方米，建筑风格融藏式、汉式于一体。与文化村配套的风情园，拥有

"圣地之门"、"田园牧歌"等8个景点，以展现乃东寻根文化为基调，是提供观赏、娱乐、服务的旅游景点。山南雅砻民俗文化村以自己独特的文化魅力、旖旎的雪域风光，让每位来访的游客都享受一份丰盛的西藏民俗文化大餐。

青朴修行地　　青朴修行地位于西藏山南桑耶寺东北15里的纳瑞山腰，平均海拔4300米。"青"指当时这里的青氏家族，"朴"是山沟上部的意思。青朴沟里依山就洞搭起的一座座狭小低矮的土石屋是众多修行者修身之地。青朴已有来自西藏、四川、青海等地的250多名僧尼和俗家弟子在狭小低矮的土石屋里修身悟法。青朴作为藏传佛教最著名的修行地，已成为朝圣者、旅游者十分向往的西藏名胜之一。关于青朴修行地，有很多传说和故事。藏传佛教中说有一处圣地叫乌金贝隆，那是莲花生大师的诞生地，人世间的秘境，是有缘的凡人可以进入的理想国度。传说青朴山上有一条秘密的通道，直接通向这个理想国。莲花生大师是来自古印度的佛教高僧，在公元8世纪把佛教从印度传到西藏，是红教也就是宁玛派的创始人。

▼ 青朴修行地

201

拉加里王宫　　拉加里王宫位于山南地区曲松县，宫殿位于县城南侧的高台地北缘，建筑群所在地属下江乡，海拔3880米。公元13世纪，吐蕃王朝后裔在今曲松县一带建立地方割据政权，始建拉加里王宫的早期建筑。拉加里王宫遗址基本保持了原建筑的布局和结构，其建筑风格融合了汉族的建筑风格，这在西藏王宫建筑中是极为珍贵的。作为西藏吐蕃王朝后裔的一个重要分支，长期生存在山南地区，成为独立于历代王朝（萨迦、帕竹、噶厦政府）之外，又与之有诸多联系的王系，拉加里王府有着独特的政治和宗教地位，拉加里王宫就是这一王系的历史见证。拉加里王宫建筑是西藏古代建筑中的一个重要门类，能较为完整地保存至今，十分罕见。作为藏式王宫建筑，其中一些小木作，尤其是门枋之上斗拱的使用，无疑融合了汉地古建筑的某些因素，因而也就具有更为重要的研究价值。

敏珠林寺　　敏珠林寺位于山南扎囊县，是宁玛派(红教)在前藏的一个主寺，由居美多杰创建于17世纪中叶。敏珠林寺经堂有一护法神殿，门框、门楣上绘有很多人头，殿内墙壁上也绘满了护法神像。这些神

▼ 拉加里王宫

像全是多头多臂，面目狰狞，看后使人毛骨悚然。供奉这类佛像是宁玛派寺院和密宗扎仓的一大特点。按藏传佛教的解释，这些护法神灵是寺院防御敌人和恶魔的守卫者，被称为"护法神"。从艺术角度说，这种造型粗放、夸张的神灵形象，是西藏密宗艺术的表现，与原始的苯教艺术有着密切关系。寺内主要建筑为祖拉康佛殿，祖拉康二层中间为天井，周围有5座小佛殿，还有一些僧舍。第三层有两个佛殿，其中喇嘛拉康佛殿内，绘有历代著名宁玛派喇嘛像。敏珠林寺最大的佛殿是桂花康，底层经堂进深7间、面阔7间，为两层建筑。敏珠林寺的僧人可以娶妻生子，在寺主的继承上以父子或翁婿传承，并不完全限定在父子血统关系上。

相传公元10世纪末有个名叫楚臣西绕的僧人，在敏珠林村这个地方修建了一座规模不大的佛教寺庙。寺成之后，楚臣西绕曾经住持过这个寺院。当时楚臣西绕所传的是喇钦的教法，这种教是从朵康传进来的。敏珠林寺在研究宁玛派的历史、教义等方面，具有十分重要的地位。

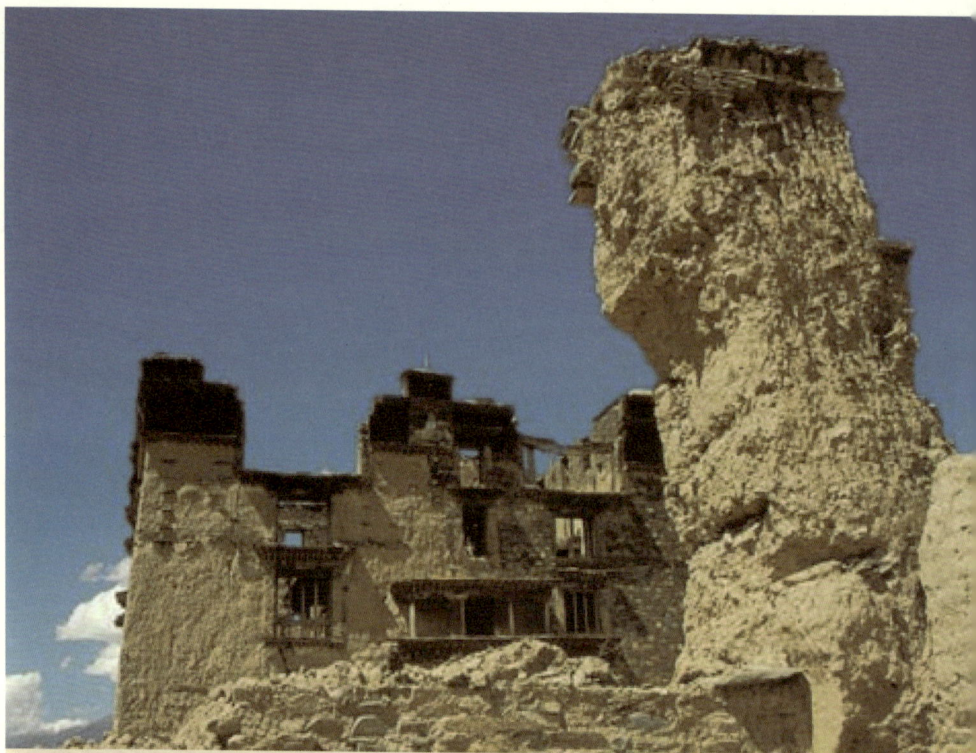

▲ 囊色林庄园

囊色林庄园　　囊色林庄园位于扎囊县扎囊乡，与桑耶寺隔江相望，距泽当镇25公里。该庄园是现今西藏保存较为完整的古老贵族庄园，为雅砻河风景名胜区的重要景观之一。该庄园主楼高7层，装饰十分豪华。主楼前面有附楼，旁边有平房、马厩、磨坊、染坊、编织作坊、碉堡和监狱等，显示出当时庄园主的富有。庄园修建于帕竹地方政权统治时期，整个庄园的遗存是研究旧西藏农奴制度的珍贵实物资料。

Traffic 交通

　　山南地区没有铁路，除了在贡嘎机场外的三岔路口等候前往山南泽当镇的班车外，也可以从拉萨市区出发，拉萨客运站每天都有长途班车往返山南地区，包括曲水、贡嘎、扎囊、桑日、泽当。

航空

　　拉萨贡嘎机场位于山南地区贡嘎县境内，距拉萨100公里，距离泽当镇60公里。拉萨贡嘎机场目前已开通了拉萨—成都、拉萨—北京、拉萨—重庆、拉萨—昆明、拉萨—西安、拉萨—加德满都等航线。

公路

　　山南地区交通主要以公路为主，形成以首府泽当为中心、覆盖全区12个县的公路网，交通极为便利。出行山南可先至拉萨，在拉萨长途客运站换乘汽车前往。拉萨长途客运站每日有发往泽当的各类客运车辆，其中，中巴、大巴的票价为37～42元/人；也有包车服务，一般桑塔纳200元/车、50元/人。

　　泽当汽车站，位于泽当镇格桑路20号，有多趟发往山南下辖各县和景点的班车。

市区交通

公交　市内公交以中巴为主，票价1元，至附近景点的中巴全程票价约2～5元。

出租车　市区面积很小，出租车10元即到；如去较远景点或贡嘎机场，租车价格大概20～120元不等，可几人拼车，降低费用。

Lodging 住宿

山南地区泽当镇离拉萨比较近，很多游客往往选择在拉萨住宿。不过，泽当镇也有一些比较好的饭店（宾馆）供游客选择。

泽当饭店

泽当饭店是当地目前唯一一家四星级饭店。泽当饭店是43项援藏工程之一，总投资1000万元，于1985年8月建成并投入使用。

▲ 泽当饭店

山南宾馆

　　山南宾馆（原山南地区招待所），属援建项目，于2001年5月1日正式挂牌营业，2002年5月8日荣膺二星揭牌，属涉外旅游定点单位。宾馆地处泽当镇闹市中心，交通极为便利，距西藏第一座佛堂昌珠寺、第一座佛殿雍布拉康，驱车不到20分钟便可到达。

泽当电信雪鸽宾馆

　　泽当电信雪鸽宾馆是国家直属山南电信分公司投资兴建的、按国家三星级标准装饰的宾馆。

山南邮政大酒店

　　山南邮政大酒店位于泽当镇，地处繁华中心，属于山南地区邮政局投资兴建的二星级酒店。

裕砻假日大酒店

　　西藏裕砻假日大酒店是按国际三星级标准设计修建的涉外酒店。酒店建筑面积10000余平方米，地处西藏国家级风景名胜区——雅砻河风景名胜区的中心，距西藏最大的航空港——贡嘎国际机场仅97公里，距自治区首府拉萨150公里，交通极为便利。

龙马宾馆

　　龙马宾馆是一家集客房、餐饮、休闲、娱乐为一体的二星级涉外商务宾馆。该宾馆设有各类客房（豪华套房3间、豪华标间30间、豪华单人间6间、普通标间30间、经济间20间），会议室、中餐厅、茶园、停车场，一应俱全。宾馆环境优雅，气息宜人，交通便利。

Food ｜美食

山南地区的特色藏餐种类也相当丰富，如各类灌肠、青稞酒和酥油茶、风干肉、凉拌牦牛舌、包子、糌粑、各种糕点，以及酸奶、烤肠、夏普青（肉浆）等。山南地区各藏餐馆的藏餐都比较正宗，当然，想要吃到更地道的藏族美食，最好的办法是到藏民的家中做客。一般来说，藏族同胞都会热情款待，但要注意遵守当地习俗。

氽灌肠

氽灌肠又称三肠、五肠。以新鲜羊小肠为衣，分别灌以羊血、羊肉、青稞面或豆面，分称血肠、肉肠、面肠，合称三肠；另有灌以羊肝、羊油者，分别称肝肠、油肠，与前三肠合称五肠。此菜多为藏族同胞，尤其是山南地区藏族同胞在藏历新年时成批灌制，供年节食用。氽灌肠味香鲜，食而不腻，凉爽开胃，是极好的凉菜。而且随食随取，可保存约1年之久。

▼ 氽灌肠

风干肉

风干的牛羊肉，是藏民喜欢的食品。一般在每年冬天，往往是每年的11月底制作。这时气温都在零度以下，藏民把牛羊肉割成小块串上，或用竹笼挂在帐房、屋檐下的阴凉处，使之冰冻风干，自然脱去水分。这样一是为了获得更好的口感，二是可以保存更久。牛羊肉经过风干以后，到了次年3月，就可以取下，烤食或生食均可，味道鲜美。山南地区由于其独特的气候，那里的风干牛羊肉更加美味。

▼ 风干牛肉

酸奶

酸奶是乳汁发酵酿制成的半凝固体食品，有"达雪"（用提取酥油后的酪浆制成）和"俄雪"（用没提过酥油的奶做成）两种。由于酸奶是牛奶经过发酵作用的食品，所以营养更为丰富，也较易消化。酸奶是藏族家里特有的一种奶制品，藏语叫"说"。据说，一生若不断吃酸奶，有延年益寿之功效。

山南地区的各个城镇，如泽当、曲水、琼结以及贡嘎、浪卡子等，大多有商贩相对集中的购物点，主要经营一些具有藏族特色的金银玉石饰物、唐卡、氆氇、壁毯以及面具等。其中比较著名的特产当属扎囊县敏珠林寺的藏香和加查核桃。由于山南地区的北部紧靠拉萨市，游客在前往山南各景点（如桑耶寺）时也大多从拉萨出发，所以更多的游客会选择在拉萨著名的八廊街上购买纪念品。

氆氇

氆氇为藏语音译，是藏族人民手工生产的一种毛织品，可以做衣服、床毯等，举行仪礼时也作为礼物赠人。氆氇相传有2000多年的历史，在藏族人们日常生活中所处地位如内地的棉布一样重要而普及。

◀ 氆氇

氆氇为藏族人民以手工制作，细密平整，质软光滑，是作为衣料或装饰的优质毛纺织品。氆氇以羊毛为原料，经纺纱、染色、织造、整理等工序制成。其花型分十样锦与十字花两种。十样锦又叫条花或邦丹，就是用彩色纬纱，织成红、绿、黄、紫、蓝、白等不同颜色，宽度相等或不等的彩条，每幅图案用8个左右颜色排列对称循环。十字花又叫挡子花，就是在十样锦彩条基础上，于每个循环间以5厘米左右的白色或黄色彩条格隔开，格内印以4枚或5枚红蓝或红紫色十字做点缀。棉纱氆氇的颜色、规格及用途同于毛花氆氇，但价格便宜，适于低档衣料镶边之用。氆氇曾是西藏主要贡品，以扎朗、浪卡子等地产的最为著名。

措那勒布竹编

竹木艺术是勒布办事处各乡的传统民族手工业制作艺术，而办事处所在地麻玛乡，由于附近山上竹木资源丰富，成为当地竹木手工业制作的龙头。勒布竹器种类繁多，主要有筐、篓、席、筛、盒、桶、碗、勺等。措那县还聘请竹编技师研究当地的箭竹品质，设计编织出了十数件竹器样品，样品款式美观、新颖，编织

▼ 勒布竹编

工艺精细，并立即着手对竹编工进行培训和批量生产。今后，游客购买勒布竹编将会有更多的选择。

加查核桃

　　山南地区加查县盛产核桃已有几千年的历史，遍植田间地头、房前屋后，七八人合抱之千年大树比比皆是，景观别致。品种主要有酥油核桃、麻雀核桃、铁核桃等10余种，以其皮薄、个大、肉嫩、肉满、肉质香醇甜润而誉满高原，是历代达赖喇嘛和达官显贵的贡品。目前，加查县共有核桃400余亩，7000多株，年产核桃200余吨。据测定，加查核桃含油率64%～80%，粗蛋白11.3%～17.1%，既可食用，又可补脑健身，是优良干果和重要的中药材。同时，核桃木材质细腻坚实，纹理美观，是军工和高级家具用材。核桃树根深叶茂，寿命长，又是绿化山区、庭院和道路的好树种。

▼ 加查核桃

敏珠林寺藏香

　　山南扎囊县的敏珠林寺生产的藏香功效很好，以前生产的香专供大活佛们使用。敏珠林寺生产藏香的艺人叫根登曲扎，是一位住持喇嘛，他生产的藏香，是用麝香、佛手参、藏红花、红檀、白檀、木香等几十种天然香料制成。藏香燃烧时放出幽香，能驱污除秽，使空气得到净化，并且有开窍提神、解郁理气、醒脑通经等功能，对神经系统、心血管疾病有一定治疗作用。敏珠林寺藏香长约2尺，粗5毫米，用红、黄、绿三色丝线捆扎，每把都印有藏文"敏珠林"商标，用特制的木盒装封。

加查石制品

　　加查盛产石墨石，此石质软，易雕凿成形，用它做成的锅炖菜做饭味道香浓，而且保温。加查石锅、石碗的造型及图案精美，是远近闻名的特产。除石制品外，加查的木碗和木桶等制品在选材、工艺、着色、绘刻及耐用等方面都属上乘。

◀ 石墨石

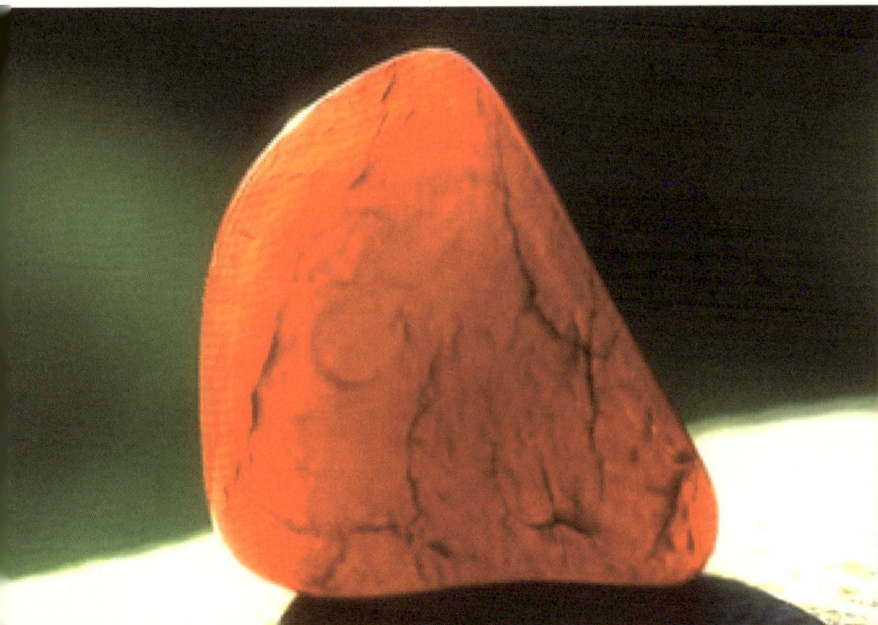

▲ 琼结软玉

琼结玉制品

　　西藏的玉制品按质地的不同，可以分为刚玉和软玉。刚玉产于日喀则仁布达拉宫，软玉则出自山南的琼结。玉能吸收太阳光中的短波波段，使其成为紫外线的理想"储存器"，为人体消毒杀菌。黄玉、水晶等玉石，具有特殊的"光电效应"。在略施压力切剥，以及精密加工的打磨过程中，会使这些效应聚焦蓄能，形成一个电磁场，能与人体发生谐振，从而使人体各部分机能更加协调、精确地运转。琼结玉有红色、白色、绿色以及白绿相间等，温润泽手。琼结玉雕厂有100余种产品，是旅游购物的理想之选。

山南雅砻是藏民族的文化发祥地之一，该地区的文化艺术、歌舞和藏戏在藏民族的文化及艺术发展史上占有极其重要的地位，是争奇斗艳的藏民族文化百花园中的一朵奇葩。

雅砻文化节

从狭义上讲，"雅砻"专指雅砻河流域。雅砻河发源于雅拉香布雪山，自南向北流入雅鲁藏布江，这一广阔的区域自古被称为雅砻。从广义上讲，"雅砻"又泛指比雅砻河流域更广阔的山南一带，或者就是现在的山南地区。"雅砻文化"有着深厚的历史渊源，从泛指的文化上来讲，藏民族的伟大祖先在波澜壮阔的历史长河中，创造了极其灿烂的古代文化。诸如诗歌、民歌、舞蹈、绘画、戏剧、建筑、雕塑等，这些都是藏族先民留下的宝贵而丰富的文化遗产。从许多民族文化被逐渐埋没、遗失的深刻教训中，可以清醒地认识到，为了继承和弘扬这些优秀的民族文化遗产，举办雅砻文化节，无疑是较好的形式之一。

雅砻文化节始于公历1992年7月25日，在山南泽当举办了首届雅砻文化节。目的不仅在于宣传山南文化，更重要的是宣传整个藏民族文化。

雅砻文化节

以后每年7月25日，都会隆重举办。节日期间有丰富多彩的民族体育项目比赛、民族歌舞、藏戏，还有绚丽斑斓的民族服饰表演。

山南藏戏

早在500多年前，香巴噶举派高僧汤东杰布为普渡众生集资建桥。为了筹措资金，他把琼结宾顿村的青壮年组织起来进行募捐演出，并逐渐形成一种固定的表演形式——藏戏。经过历代艺人的不断丰富发展，形成了白面、黄面、蓝面、黑面四大派系，藏戏也从最初没有一个完整的剧目发展到今天经久不衰的八大传统保留剧目。山南乃东的"扎西雪巴"、琼结县的"宾顿巴"白面具藏戏由于历史悠久，在藏戏流派中占有重要地位，远近闻名，并成为每年西藏雪顿节的首演节目。藏戏和宗教传说关系密切。现今山南琼结的巴剧团为著名的白面具藏戏派，而日喀则昂仁县的剧团、拉萨的觉木隆剧团则是蓝面具藏戏派。

山南藏戲表演

朝山节

传说藏历六月初四是释迦牟尼转四谛法轮之日，四谛就是苦、集、灭、道。苦，是世间之果；集，是世间之因；灭，是出世之果；道，是出世之因。苦集灭道，这叫四谛法。轮，因为佛所说的法，是从心性里边流出来的，流到众生的心里头，令众生反迷归觉，所以这叫轮。为了纪念和庆祝这一天，人们提前一日穿戴一新，带着食物前往附近山寺巡礼朝供，求神念经，以求佛祖保佑。然后在野外草坪上开怀畅饮，尽情歌舞。藏语称朝山节为"珠巴泽西"，主要在前藏地区举行。

山南物交会

山南物交会始于1981年，是以物易物为主的独特物资文化交流会。适时，周边人们及边民、区内外以及邻国的商人会集，古老的泽当一片流金溢彩，场面热闹非凡。物资文化交流会可谓是山南地区的盛会，更是农牧民的盛会。当地农牧民群众在秋收结束后就开始张罗准备各色农副产品，期盼着能在每年一度的物资文化交流会上卖个好价钱。

◀ 山南物交会现场

TIPS 温馨小贴士

献哈达

献哈达是藏族人民最普通的礼节。在西藏，婚丧节庆、迎来送往、拜会尊长、觐见佛像、送别远行等，都有献"哈达"的习惯。献"哈达"是对对方表示纯洁、诚心、忠诚、尊敬的意思。

"哈达"是一种生丝织品，纺得稀松如网，也有用丝绸为料的。上品"哈达"织有莲花、宝瓶、伞盖、海螺等表示吉祥如意的各种隐花图案。哈达的质料，因经济条件不同而异，但人们并不计较质料的优劣，只要能表达主人的一片良好祝愿就行了。哈达的长短不一，长者1至2丈，短者3至5尺。

藏族认为白色象征纯洁、吉利。所以，哈达一般是白色的。此外，还有五彩哈达，颜色为蓝、白、黄、绿、红。蓝色表示蓝天，白色是白云，绿色是江河水，红色是空间护法神，黄色象征大地。五彩哈达是献给菩萨和近亲时做彩箭用的，是最珍贵的礼物。佛教教义解释五彩哈达是菩萨的服装。所以，五彩哈达只在特定的情况下才用。

E

那曲篇

NaQu

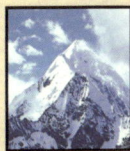

那曲 地区位于西藏自治区北部，俗称万里羌塘。那曲地区东依昌都，南与拉萨、林芝、日喀则相连，西接阿里，北与新疆维吾尔自治区、青海省毗邻，处于青藏高原腹心地带。那曲藏语意为"黑河"，整个地区在唐古拉山脉、念青唐古拉山脉和冈底斯山脉怀抱之中，西边的达尔果雪山、东边的布吉雪山，形似两头猛狮，守护着这块宝地。区域面积42万平方公里，约占西藏自治区总面积的三分之一，平均海拔4500米以上。

那曲地区行政区划为10个县和1个特别区，分别是：那曲、聂荣、安多、班戈、申扎、尼玛、嘉黎、比如、巴青、索县和双湖特别区。那曲地处高寒地带的藏北高原，年均气温在摄氏零度以下，并且干旱、多风、缺氧，年均降雨量仅100～200毫米。每年11月至次年3月，是藏北的干旱刮风期。藏北的黄金季节是6—9月，这期间气温可达摄氏7～12度，风和日丽，牧草丰美，牛羊成群，景色尤其宜人。那曲镇是那曲地区行政公署所在地，是青藏公路的必经之地，又是西藏对外开放的旅游区之一，是全地区的政治、经济、文化、交通和贸易中心。

　　藏北40多万平方公里的大地上，蕴藏着大自然无数美景和奥秘，生活在这里的30多万勤劳智慧的羌塘儿女，更创造了悠久灿烂的民族文化。藏北是歌舞的海洋，人人能歌善舞；羌塘是藏族民间传说的故乡，一部宏大的格萨尔英雄史诗，生生不息，世代传唱；各种美丽的神话，表达着牧人的向往。独特而严酷的自然环境，造就了那曲人正直、勇敢、善良、不屈的品质，加之与众不同的独特生产生活方式，所有这一切，构成藏北高原独特而丰富的自然景观和人文景观。

古象雄文化遗址

　　象雄，意为"大鹏鸟之地"，汉史记载"单同"，是青藏高原最早的文明中心。据考古研究和史籍记载，象雄自公元前10世纪就已在青藏高原崛起，且早于吐蕃与唐朝建立关系。

象雄文明　　在公元6—7世纪，象雄已是以牧为主，兼有农业了。古老的象雄产生过极高的文明，它不仅形成了自己独特的象雄文，而且还是西藏传统土著宗教——苯教的发源地，对后来的吐蕃以至整个西藏文化都产生了深刻的影响。象雄王朝鼎盛之时，曾具有极强的军事力量，其疆

▲ 象雄王国遗址

域包括西藏高原的大部分地区和青海、四川的一部分，以及西部的克什米尔和拉达克。后来，吐蕃逐渐在西藏高原崛起，到公元8世纪时，彻底征服了象雄。从那时起，象雄王国和文化就突然消失了，其文字文献、宫殿遗址等至今无从考证，留下了千古之谜。

象雄遗址　　那曲地区文部乡有一古代象雄遗址，建于山腰，石头建筑，规模宏大。遗址总占地面积1平方公里，似一扼险而踞的大石堡山寨。遗址距今约1600多年。由于临近大湖，遗址附近草场小气候特征明显，降水量多，牧草丰美，盛产优质的克什米尔小山羊，在这里时可发现藏北牧人的围帐。如今与著名的达果雪山、当惹雍措并存的象雄遗址存有无数断壁残垣，供人凭吊和观光。该遗址是否为象雄之都尚需考证。

达果雪山

　　那曲地区尼玛县境内的达果雪山，是古象雄部落的神山之一，也是藏区四大雪山之一。山势巍峨雄伟，千姿百态。峰顶银色的冰雪闪着光芒，直插云端，四面有七座山峰如七位勇士坐落于主峰周围，人们称之为七兄弟。此外，在达果雪山的周围还有八座雪山，叫做"噶聂日巴切杰"，统称达果七峰八岭。

　　达果雪山传说是古象雄诸神的聚集处，也是象雄360座山峰的主脉。达果雪山下的当惹雍措又是藏区三大雍措之一，被人们奉为神山圣湖。依附于此湖的湖仙名叫措门列吉旺姆切，她是180条江河、180个湖泊的主仙。这汪蓝色的大湖，形似一枚金刚杵，上圆中细下部长，四面群山环抱，清澈的溪流注入湖中，四边还有四口泉池，朝圣的香客必在泉中沐浴，据说可洗去疾病和罪孽。东边的当惹琼宗传说是古象雄国立木国王的王宫遗址，也是修持明咒的塔米太格大师的静修地，在岩上有许多字母和掌印等天然痕迹。

▼ 达果雪山

▲ 当惹雍措

当惹雍措

    当惹雍措是西藏原始苯教崇拜的最大的圣湖，也是西藏第三大湖，面积1400平方公里，湖面海拔4600多米。"达尔果"和"当惹"都是古象雄语，意为"雪山"和"湖"，它们一个是神山，一个是圣湖，保佑着周围的部落和牛羊。当惹雍措位于一个深陷的湖盆底部，它与当穷措相毗邻。实际上当穷措与当惹雍措是在同一个湖盆之内，湖水未枯以前本是同一湖泊。这正是当穷措名字的来历，藏语里"当穷措"即小的当惹雍措之意。据说此湖在一天之中能变换三种颜色。湖东岸是连绵不断、屏风般矗立的褚红色山壁，它们清晰地记录了当惹雍措湖水一次次下降的历史。被湖水冲刷而成的阶梯从湖畔山顶一圈又一圈地一直环绕到湖滨。

225

地形气候　　当惹雍措系发育在近南北向断裂湖盆内的构造湖，呈北东方向延伸，长70公里，宽15～20公里，西岸和东岸为近南北向高达5500～6000米的山地，现代冰川发育。历史上当惹雍措北与当穷措、南与许如措相连，长可达190公里。后由于气候变干，湖水退缩，当穷措、许如措与当惹雍措分离。当惹雍措湖面形似一根金刚杵，上圆中细下部长，四面群山环抱，南面的达尔果山山顶积雪终年不化。由于这里地形相对闭塞，形成了相对温暖湿润的小气候，可以种植青稞，这在藏北是极其罕见的。由于此处拥有易守难攻的地势和良好舒适的气候，这里传说曾是象雄的王宫所在地，也是藏北象雄遗迹最集中的地区之一，还是解读象雄文化之谜的一把钥匙和研究苯教的重要场所。

神奇传说　　当惹雍措被群山簇拥，唯南岸达尔果山东侧有一缺口。据传当惹雍措当初是个魔鬼湖，后来象雄第一代王子也就是苯教的缔造者敦巴辛饶制服了湖中的魔鬼，成为了神湖。达尔果山一列有七峰，峰顶终年白雪覆盖，如七个戴着白帽的巨人并排站立，忠实地守护着当惹雍措。这里山光水色简直就是圣景，它和当惹雍措一起被人们奉为苯教的神山圣湖，其地位与佛教所认为的世界中心的岗仁波齐和玛旁雍措身价相等，且传说湖底是相通的。

转山转湖　　每年都有不少的信徒来此转山转湖，香客和旅游者转湖一般是从湖的东岸中部的下秋措出发，佛教徒按顺时针、苯教徒按逆时针绕湖一圈。千百年来，香客和驮队沿湖踏出了一条时而平缓、时而陡峭的转湖路。湖边现在还保存有一座建于悬崖山洞中的寺庙——玉本寺，相传为苯教最古老的寺庙。玉本寺供奉的是狼面女神，香火依旧旺盛。湖的四边有四个泉池，据说在此沐浴能洗去罪孽与疾病。不过，水冰凉无比，非一般人可以享用。湖边有一山，此山壁横亘东西，东端没入湖水之中，一条小路沿一斜坡向山壁顶端延伸，那应该就是象雄王国所在地——穷宗。当惹雍措湖边，由一个在可可西里无人区边缘的部落坚守，这个部落就是文布，被人称为最后的苯教部落。村里人多数半农半牧，放牧牛、羊、马等牲畜的同时，种植青稞、土豆、油菜和小白菜等。

羌塘大草原

藏北草原是指西藏北部辽阔的高原，在那曲境内主要指羌塘大草原。羌塘，是中国五大牧场之一，位于昆仑山脉、唐古拉山脉和冈底斯山脉之间，它不仅是野生动植物的天堂，同时也是一个具有丰厚沉积层的文化沃土。

羌塘　　那曲是最能代表羌塘的地区，那曲的意思是"黑河"。黑河是怒江的上游，水色发黑，因而得名。就是这黑色的河流滋润了羌塘。尽管这里没有"风吹草低见牛羊"的景色，但那种短小似"寸头"的"那

▼ 羌塘大草原

227

扎”是蛋白质含量相当高的草类。旧时，这里称“那曲卡”，意为“黑河边上的土地”。现在，这里有数不尽的神山圣湖和奔流四方的大江大河，浩瀚的草原和冰川、温泉、地热不胜枚举。生活在这里的牦牛明显较其他地区更肥、更壮。

帐篷　　来到羌塘，在那一望无际的草原上，到处都是牧民赖以生存的牦牛和羊群，处处可见牧民栖息之所——帐篷。帐篷是藏北大草原的一大景观，除了古老的牦牛帐篷，还有红、蓝、黄、绿、白五色相间的尼龙帐篷，五彩缤纷，形状各异，许多帐篷顶上飘挂着五彩缤纷的风马旗。牦牛帐篷既可以防雨，又可以很好地通风透气，所以一直流传至今。

文化底蕴　　羌塘草原是一个具有丰厚沉积层的文化沃土。牧民们在这辽阔的草原上，创造了梦幻迷离、色彩斑斓的游牧民族文化。不仅有远古岩画，记载着游牧民族的历史，还有许多古象雄国的遗址，还有英雄格萨尔王的足迹及故事遍布藏北。另外，玛尼堆、经幡和古塔随处可见，为苍茫的藏北大草原增添了几分神秘的色彩，著名的唐蕃古道就贯穿羌塘草原。

格拉丹东冰塔林

　　格拉丹东雪山位于那曲地区安多县玛飞吉日乡，其海拔为6621米，是长江的源头。在它东面的山脚下，有一个面积约800平方公里的冰塔群，被人们称为“岗加巧巴”（意为“百雪圣灯”）。

形状　　格拉丹东冰塔林形状各有不同，有的犹如精工细雕的水晶塔，高耸林立在山下的地平线上。一座座高耸直立塔顶随风传出悦耳的法铃声，如此迷人的冰雪景色真是别有一番韵味。有的冰峰俨然一对玛瑙般

▲ 格拉丹东冰塔林

的骏马耳朵，两边那对称和谐、黑白两色构成的斑纹华丽得像两枚九眼珠刚从水中"游"上来一样。有的像一双巨大而深陷的眼窝时刻窥探着这片辽阔的大地。有些冰峰的形状酷似恐龙和雪蛙抱人，总之奇形怪状比比皆是。

光彩　　格拉丹东冰塔林最有趣的地方莫过于冰林深处的七色光。在冰林深处有一座断体的冰塔，其残存的根部有个深深的裂缝，从这冰缝中闪烁出灿烂的七色光，色彩缤纷，变幻莫测，引人入胜。七色光究竟如何产生，谁也无法说清。是山神的珠光，还是龙宫的宝气？或是天地间灵光？人们不停地思索。如此千姿百态、光彩夺目的冰塔林无疑是大自然千百年来塑造的，是造物主的工艺品，可称得上是举世无双。

申扎自然保护区

    申扎自然保护区位于那曲申扎县附近，建于1993年。这里是鸟的乐园，聚居的鸟类有120多种，各种鸟类在这里翩翩起舞，争奇斗艳，景象异常壮观。这里还是我国最高、最大的黑颈鹤保护区和繁殖地。

    申扎自然保护区处于羌塘内流区南部大湖密集的宽广湖盆地带，众多湖泊均为发育于冈底斯山北麓断陷带内的构造湖。申扎自然保护区的面积约4万平方公里，区内的格仁措水域面积476平方公里，水面高4650米。因位置偏南，海拔稍低于羌塘高原中北部，气温稍高，有少量农田可种植青稞作物。该地区年降水量约300毫米，但受到冈底斯山

▼ 申扎自然保护区的黑颈鹤

顶冰川与积雪融化的补给，湖水矿化度低，适于水生生物与水禽生长和繁衍。尤其是低洼湖区内广泛分布着大蒿草等组成的沼泽草甸滩地，加上巴汝藏布、永珠藏布等内流河，使这里保存着良好的内陆湿地和水域生态系统，并成为国家一级保护动物黑颈鹤的理想栖息地，也是国内现有7个黑颈鹤保护区中海拔最高、面积最大者。

那曲地区其他主要景区（点）

▼ 梅木溶洞

梅木溶洞

梅木溶洞位于布龙乡与巴青县交界处，溶洞洞口在半山腰，洞洞相套，幽深莫测，距洞1.5公里处，是著名的朝佛地，据称此地可呈现500多种幻象。另外，此景区还有一"神泉"，传说为龙王的药水，能治百病。溶洞主要由三个山洞、两个较小不太深的岩石洞组成。其中一类似弓箭的遗物，传说为格萨尔王用过的弓，后储藏于此。

桑丹康桑雪山

在藏北高原众多山峰中，桑丹康桑雪山较为著名，它是西藏25座最高的山峰之一，在宗教上被相应尊为25位仙境居士之

▲ 桑丹康桑雪山

一，依附于此山的神叫"夜叉岗布桑布"，是法力无边的佛法保护神，周围的众多峰峦和湖泊都是她的侍从。

藏北无人区　　藏北无人区指的是藏北高原的一个地域。藏北高原地处昆仑山脉、唐古拉山脉和冈底斯—念青唐古拉山脉之间。从那曲往西，进入那曲与阿里两个地区的交界地域，有一片被称为"无人区"的处女地，面积达20万平方公里。过去由于这里交通不便，很少有人深入。无人区有山有水，有花有草，有成群结队的野生动物，有四通八达的荒山野路。更有趣的是，大群的野马、野驴常跟汽车赛跑。无人区草原辽阔，风光奇特，雪山环绕，湖泊遍地，山中有湖，湖中有山，珍稀野生动物成群，充满神秘色彩，吸引了国内外大量探险旅游爱好者。

草原八塔　　草原八塔位于青藏公路当雄至那曲约三分之一段路旁，苍茫的大草原上兀立着一组塔群，使草原又带上了几分神秘悲壮色彩。据说，八塔这一带草原，是当年格萨尔王率兵驰骋征战的地方。格萨尔王手下的一名骁勇大将夏巴就战死于此地，为纪念夏巴的功勋，格萨尔王修筑八塔将夏巴葬于其中。现今藏历每月的十五日、三十日，草原上的牧民都要从几十公里外来此转经朝拜，祝愿英雄在天之灵，也祈祷英雄在天之灵保佑自己好运。一些乘车路过此地的信教群众来不及下车朝拜，便从车上抛下大量的印有战马在妖孽群中奔驰图案的纸片，据说这样也可祛灾避难，保佑今生今世平安。

▼ 草原八塔

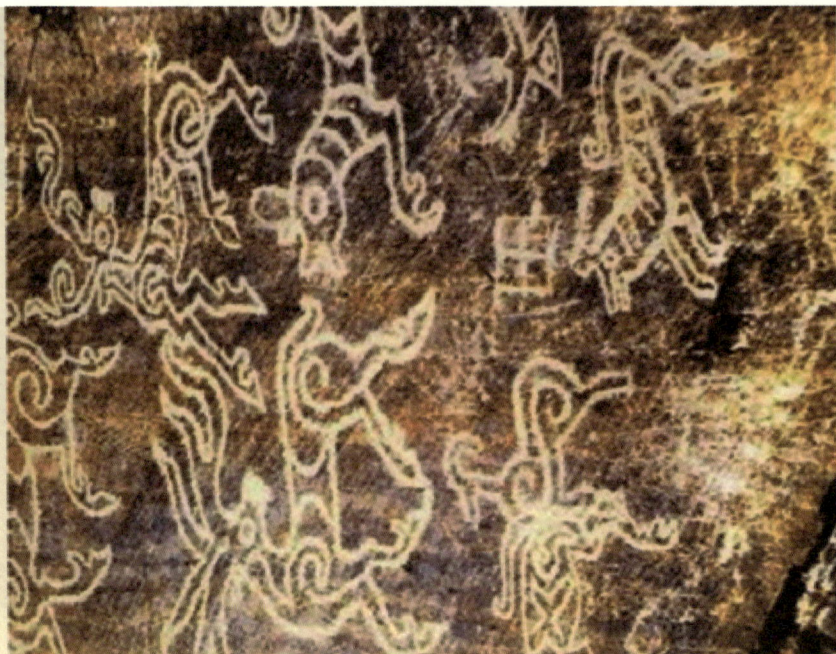

▲ 加林山岩画

加林山岩画　　那曲绒玛一带的山上有很多远古时代留存下来的岩画，尤以加林山的岩画最为著名。加林山位于尼玛县荣玛乡加林山，距荣玛约5公里，汽车可达。岩画分布在河谷山坡上，多为动物及狩猎图案。随着季节及时间的变化，加林山上有许多石头也会呈现出不同的图画。

比如骷髅墙　　比如骷髅墙位于比如县茶曲乡内，是用人头颅骨堆砌成的围墙，因而被称为骷髅墙。比如骷髅墙是研究人类丧葬文化的绝好例证。比如县沿怒江两岸有两座寺院还保留着天葬后保留头骨的习惯，分别是日瓦寺和达木寺。

Traffic 交通

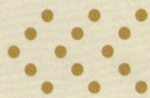

　　那曲是藏北重镇，同时也是青藏线上的重要交通要道，所以那曲至各地的交通是非常方便的，特别是前往拉萨及青海的交通，班车很多，也很方便。2006年青藏铁路开通，那曲的交通又多了一个选择。

铁路

　　那曲火车站是青藏铁路的中转站和补给站，是目前世界上海拔最高的火车站。境内丰富的旅游资源也很方便在短时间内集中游览。那曲火车站目前已经开通到北京、上海、广州、成都、重庆、西宁、兰州和拉萨等各大城市的列车，乘坐方便，价格便宜，而且还可以欣赏沿途的风光。

火车经过那曲站

公路

　　青藏公路、黑昌公路（那曲至昌都）和黑阿公路（那曲至阿里）在那曲县境内交叉贯穿，交通条件得天独厚。青藏公路从北到南横贯那曲县境内，北面的德吉乡，南面的罗马乡、香茂乡、古路乡等四个乡政府的驻地紧靠青藏公路主干线。黑昌公路也从这里开端，蜿蜒向东至昌都地区丁青县，孔玛乡和达前乡人民政府驻地就在这条公路的主干线上。境内主要公路干线全长约500多公里。

　　租车随季节的变化和供需的变化价格不等。包车的选择余地较大，因青藏线路况不错，除了越野车外，其他各类型号的车都可跑青藏线，比如桑塔纳、各类小面包车等。

市区交通

　　那曲的市内交通主要是出租车。那曲出租车一般不打表，而且出租车司机经常在载客过程中办理私事，比如取东西、顺带朋友等。所以，在那曲乘坐出租车办事时，一定要提前，以免耽误。

Lodging | 住宿

那曲有一些比较好的星级宾馆，其条件和服务水准都可以使绝大多数旅游者满意。需要注意的是，那曲气温较低，冬天达到零下20摄氏度以下。因而，除了夏季，否则到那曲住宿必须确定饭店（宾馆）有空调（暖气）。

那曲饭店

▼ 那曲饭店

那曲饭店是那曲条件最好的酒店，旅游旺季最好提前预订。那曲饭店开业于1985年，是中央对西藏自治区成立20周年的一份赠礼，也是藏北最早的一家涉外星级饭店。它坐落在海拔4500多米的藏北重镇——那曲镇。内设豪华套间、标间和藏式间及价格低廉的经济间共100间，计300多个床位，并有大小餐厅3个、豪华贵宾厅7个、多功能厅1个、会议室6个。还有物美价廉、专售西藏特产及民族手工艺品的购物中心，房间内装有国内国际直拨电话，24小时

供应热水，并装设闭路有线电视等设备、设施。

羌塘信苑酒店

　　羌塘信苑酒店地处西藏北部，是由西藏那曲电信公司投资兴建的涉外旅游酒店。酒店位于那曲镇浙江中路，毗邻青藏公路、铁路，距西藏首府拉萨328公里，交通极其便利。羌塘信苑酒店是目前世界上海拔最高的二星级酒店，建筑面积6800平方米，是一所集住宿、商务、会议、餐饮、娱乐、酒吧、茶园、美容美发、干洗、购物等于一体的现代豪华酒店。

桃源宾馆

　　桃源宾馆总面积3 800平方米，集餐饮、客房、会议等为一体。客房部现有客房102间，其中20间标准客房、60间双人套间、22间豪华客房。客房装饰温馨豪华、高贵典雅。

藏式毡房

　　那曲藏式毡房虽然简陋，但价格便宜，并且能够感受到藏北牧民的热情和豪爽。毡房一般就地取材，用红柳做成圆栅和顶，构成立架，然后在木栅外围上芨芨草编成的墙篱，再包上毛毡。顶部有天窗，覆以活动的毡子，用以通风。有的房顶毡上饰有红色或其他色彩图案。

Food | 美食

那曲地处藏北大草原，因而其牦牛肉、羊肉、奶制品以及相关产品都比较出名。此外，那曲名小吃酥油、干肉、雪莲花等，也别有一番风味。

干酪

干酪可以分为两种：一种是乳汁提取酥油后剩下的物质，经烧煮，水分蒸发后凝结成块，然后将它压成饼状，或切成条块状，晾干食用；还有一种，用酪浆烧煮，晾干后结丝状或粒状，有甜酪干、酸酪干、白酪干、青酪干等。那曲干酪含更为丰富的蛋白质、乳脂肪、无机盐和维生素及其他微量成分等，对人体健康大有好处。干酪中的蛋白质经过发酵后，由于凝乳酶及微生物中蛋白酶的分解作用，形成胨、肽、氨基酸等，所以很容易被人体消化吸收（干酪中的蛋白质在人体内的消化率为96%～98%）。干酪中所含有的必需氨基酸与其他动物性蛋白质相比质优而量多。另外，干酪在生理方面还有

▼ 干酪

许多重要的作用，据科学家实验证明，干酪是具有抗癌功效的为数不多的食品之一。

水油饼

　　水油饼是藏北牧民的传统食品，藏语称"雪吐"。制作过程是将面粉用水和好，擀成碗口大的薄饼，放在开水锅里煮熟，捞出后放在碗里（一般是每碗放3块面饼），在饼上加酥油、曲拉和红糖，拌匀后趁热吃。也可裹卷酥油等直接食用，味道香甜可口，是藏北牧民待客的常见食品之一。

藏北牦牛肉

　　藏北牦牛是藏北高原特有的耐寒动物，躯体笨重、粗壮，对寒冷严酷、高海拔、低氧环境适应性极强。藏北牦牛产区地势高峻、地形复杂、气候寒冷潮湿、空气稀薄。由于高山环绕，地形封闭，地处边陲，草场的生长环境无任何抗生素及其他化学品污染，是难得的天然牧场。

牦牛除觅食野青草外，还吃冬虫夏草、雪莲等天然药用植物。藏北牦牛肉质鲜美，品质优良，蛋白质含量高，矿物质丰富，脂肪少，且脂肪中胡萝卜素含量丰富，是广受消费者青睐的天然绿色食品。

▼ 牦牛肉

240

在那曲购物，可以去浙江中路上的羌塘市场、那曲市场、人民商场以及高原路上的那曲农畜产品市场等。这两条街上的商场和店铺相对集中，人流量大，各类特产及旅游纪念品都可以在这里买到。那曲的特产主要有冬虫夏草、羊绒、贝母、麝香和雪莲花，这些特产大多价格昂贵，而且不是行家的话，很难区分其品质的优劣，购买时一定要谨慎。

冬虫夏草

▼ 冬虫夏草

冬虫夏草简称虫草。虫草与人参、鹿茸一起被列为中国三大补药。中医认为，虫草入肺肾二经，既能补肺阴，又能补肾阳，主治肾虚、腰膝酸痛、病后虚弱、久咳虚弱等，是唯一一种能同时平衡、调节阴阳的中药。虫草是我国医药宝库中的一味珍贵中藏药材，虫草含虫草酸70%左右，蛋白质约25%，脂肪8.4%左右。现代医学研究证明虫草有抗癌肿、提高免疫力的功效。正因为它具有"仙草"的神效，很多来西藏的人都很舍得掏腰包买上一些，带回家去泡酒和炖汤，尤其是中老年人和免疫力低的人更需要。西藏是虫草的主要产区之一，而那曲地区独特的地域特色，使得那曲虫草又是西藏地区最好的虫草。那曲虫草生命力顽强，生长环境在海拔4000米以上。

克什米尔山羊绒

　　克什米尔山羊绒属于稀有的特种动物纤维，是一种珍贵的纺织原料，国外称其为"纤维的钻石"、"软黄金"。由于亚洲克什米尔地区在历史上曾是山羊绒向欧洲输出的集散地，所以国际上习惯称山羊绒为"克什米尔"（Cashmem），而中国采用其谐音为"开司米"。

　　克什米尔山羊绒是从山羊身上梳取下来的绒毛，其中以绒山羊所产的绒毛质量为最好。每年春季是山羊脱毛之际，用特制的铁梳从山羊躯体上抓取的绒毛，称为原绒。洗净的原绒经分梳，去除原绒中的粗毛、死毛和皮屑后得到的山羊绒，称为无毛绒。山羊绒有白、青、紫三种颜色，其中以白绒最为珍贵。

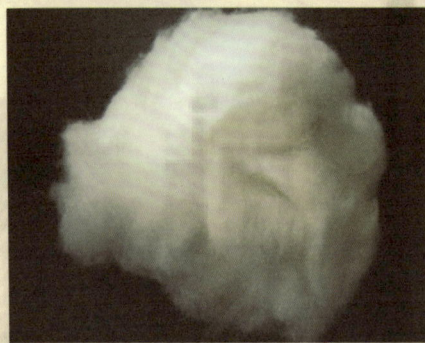
▲ 克什米尔山羊绒

比如贝母

　　比如特产贝母。贝母为百合科，呈类圆锥形或近球形，高0.3～0.8厘米，直径0.3～0.9厘米；表面类白色；外层鳞叶2瓣，大小悬殊，大瓣紧抱小瓣，未抱部分呈新月形，习称"怀中抱月"；顶部闭合。内有类圆柱形、顶端稍尖的心芽和小鳞叶1～2枚。先端钝圆或稍尖，底部平，微凹入，中心有一灰褐色的鳞茎盘，有的还残存须根。贝母质硬脆，断面白色，富粉性；味微苦，具有清热润肺、化痰止咳之功效，可用于治疗肺热燥咳、干咳少痰、阴虚劳嗽、咯痰带血等。

▲ 贝母

尼玛金银器

　　尼玛特产金银器是西藏传统的工艺品，距今已有1000多年的历史。金银器大体上分为两类：一类是装饰品，如镯子、戒指、项链、头饰、胸饰、刀鞘及鼻烟壶上的装饰等；另一类是生活用品，如酒壶、酒杯、勺、筷、碗、盘等。有的以纯金、银制作，有的以金、银镶嵌、包裹。尼玛技艺精湛的手工艺人，在金银器上做出各种图案，玲珑剔透，精致细腻，龙凤虎狮，惟妙惟肖。

▼ 尼玛金银器

娱乐

藏北人热情开朗，豪放大方，乐于助人，特别能歌善舞，歌声悠扬，舞姿优美，节奏明快，尤以踢踏舞、锅庄舞最具有民族特色。那曲地区有许多具有地方特色的节日，主要节日有藏历年和赛马会。8月的藏北羌塘高原，绿草茵茵，野花遍野，往日里严酷的寒冷多风气候此时也变得格外温和宜人，人称8月是藏北的黄金季节，一年一度的那曲赛马会就在8月里举行。

赛马会

在万里羌塘重镇——那曲，最隆重的节日是一年一度的赛马会。在广阔的藏北草原牧区，赛马会是比藏历新年更热闹的民间节日。赛马，就是骑在马背上跑，看谁跑得快。第一名有大奖，最后一名也有奖——把一串马粪挂在马脖子上，戏称为"捡马粪"的。牧民们把赛马看得非常重要，早早就着手准备。草原上各个乡的牧民们带着帐篷，身着艳丽的民族服装，佩带各式玲珑精致的饰品，从几百公里外汇集到那曲镇的赛马会场，草原上短时间内就出现一座帐篷城。帐篷城中，不时地传来人们的欢笑声，这种独特的文化现象吸引了不少中外游客驻足观望，端着相机、摄像机拍个不停。赛马会期间藏北物资交流会也同时举行，更使8月的草原呈现一派祥和的节日景象。

▲ 赛马会

　　那曲赛马会上，不仅仅是赛马，更是牧区综合项目的体育比赛。除骑马进行大跑、小跑外，还有表演性质的马上竞技、短途的高速冲刺、跑马射箭、在狂奔的马上俯身拾哈达、骑射（用藏式叉子枪打靶）。这两年西藏马术队也亲临大会献技。赛马会上还有大人或儿童赛跑，还有拔河、跳远和跳高。特别是赛马会上的抱石头比赛，有着独特的高原风味。一个个强悍的牧民，光着膀子使足力气把石头抱起来，扛到肩上，有的石头足有200多斤，谁抱起的石头，没有第二个人能抱起来，他就成为胜利者。在赛马会上进行的牦牛比赛也别有情趣，骑手们纵缰扬鞭，没有许多严谨的规矩。牦牛虽不善迅跑，但一旦奔跑起来，前挺一对犄角，后掀一条粗尾，形似异兽，极为雄壮。

那曲锅庄

　　锅庄是藏族的一种舞蹈形式。锅庄舞形式多样，反映劳动生活的叫"羊毛锅庄"，反映婚庆的叫"吉庆锅庄"，表现生活情趣的有"兔子

▲ 那曲锅庄

锅庄"（模拟兔子跳的动作）、"醉酒锅庄"（模仿醉汉神态）。锅庄舞姿矫健，动作挺拔，既展舞姿又重情绪表现，舞姿顺达自然，优美飘逸，不但体现了藏族人民纯朴善良、勤劳勇敢、热情奔放、骠悍的民族性格，而且有一定的力度和奔跑跳跃变化动作，动作幅度大，具有明显的体育舞蹈训练价值和锻炼价值。

那曲锅庄时逢节日、庆典、婚嫁喜庆之际，旷场上、庭院里男女相聚。男性穿着肥大筒裤，显示出粗壮的大腿；而女子脱开右臂袍袖披于身后，显得飘逸洒脱。男女各站一边拉手成圈分班唱和，通常由男性带头启唱，歌声嘹亮，穿透力强，舞群和着歌曲作"甩手颤踏步"沿圈走动，当唱词告一段落后，众人一齐"哑"的一声呼叫，顿时加快速度，撒开双臂侧身拧腰大搓步跳起，挥舞双袖载歌载舞，奔跑跳跃变化动作，尤以男性动作幅度较大，伸展双臂如雄鹰盘旋奋飞。女性动作幅度较小，点步转圈如凤凰摇翅飞舞，具有体育运动的健美、明快、活泼等特点。不论从表演者的装饰上、动作节奏上，还是从表演时的舞姿变化上，都能体现出西藏民间体育的风格，那曲锅庄舞的健身作用是显而易见的。

格萨尔说唱

"格萨尔"是在藏族群众中广泛传颂的英雄人物，传说中这位诞生于公元11世纪前后的英雄曾降魔驱害，造福于藏族人民。草原上的行吟艺人通过优美动听的曲调，唱述他饱经忧患的身世和威武壮阔的战功，唱述他周围的30名勇将和13位美丽的王妃，唱述他与之较量过的勇士兼魔王般的对手。有人说格萨尔实有其人，有人说他是11世纪角厮罗王的化身，有人说他纯粹

▲ 格萨尔说唱表演

是个虚构的人物，但是，不管怎么说，他都是藏族人民英雄主义与理想主义的结晶。千百年来，藏族人民不断吟唱着对格萨尔王的崇敬和赞美，汇成了一部享誉世界的英雄史诗《格萨尔王传》。

在西藏各地，特别是藏北草原和藏东谷地，每个地方都有专门说唱格萨尔的行吟艺人，他们被称为"仲肯"，颇受当地群众的拥戴和尊重。每逢传统节日、赛马大会、婚礼、洗礼等喜庆事，甚至牧场闲暇的季节，都要请"仲肯"来说唱。史诗篇幅极长，说唱一部往往延续几天几夜。其间，大家听得浑然忘我，跟着低吟高唱，很少有人中途离去。

TIPS 温馨小贴士

西藏旅游礼仪

在藏区偶见身挂红、黄、绿布标的牛羊徜徉于郊野，可不要随意驱赶、伤害，那是藏民敬神祭品。切勿以猎枪对准鹰鹫，藏民忌讳伤害他们的神鸟。未经同意不可入庙，入寺后不可吸烟和饮酒，有些寺庙甚至不让吃蒜。寺内物品观看无妨，不可擅自触摸佛像、经书、拍照。由于藏传佛教分属不同派系，有些寺庙需要逆时针方向行进，而有些寺庙则需要顺时针方向行进，所以游客进寺之前必须弄清楚。同时，还要清楚有些秘宗的地方禁止妇女进入。步入藏民的帐篷、居室，不可用脚踩门槛，也不可在他人面前吐痰。藏民伸舌头，是表示尊敬而并非嘲笑，而双手合十则是一种礼节。

F

昌都篇

ChangDu

昌都 地区位于西藏东部，地处横断山脉，三江（金沙江、澜沧江、怒江）流域。南北长约445公里，东西宽约527公里，东与四川省隔江相望，东南面与云南交界，西南面与西藏林芝地区毗邻，西北面与西藏那曲地区相连，北面与青海省相邻，是西藏自治区的东大门。昌都地区幅员面积10.86万平方公里，约占西藏总面积的9%，属高原大陆性气候。

昌都有着悠久的历史，古称"察木多"、"叉木多"、"康"，生活在这里的人们被称为"康巴"，素有"热巴之乡"、"弦子之乡"、"木刻之乡"之称。境内矿藏、水资源、森林、药材、动植物资源十分丰富，特别是生态景观、人文景观、民族风情独具魅力。这里奇峰异洞、神山圣湖、雪域风光等造就了雄伟壮丽的自然景观；千百年厚重的历史文化积淀形成了独特的"康巴文化"底蕴；古老而神秘的茶马古道赋予了这一地区鲜明的文化特征和深邃的文化内涵。热巴、弦子以及魅力独具的传统藏戏广为流传，堪称中华民族宝贵的文化遗产。

昌都地区旅游业仍处于规划初级阶段，仅有个别的团队和零散的徒步和自助旅游，而没有形成相对稳定的旅游产品和客源市场。目前，昌都地区基本没有开发成熟的旅游景区（点），强巴林寺刚刚开始对外开放，各项旅游服务设施尚不完善。另外，昌都地区自然景观也大多处于原始未开发状态。

茶马古道

茶马古道是指存在于中国西南地区，以马帮为主要交通工具的民间国际商贸通道，是中国西南民族经济文化交流的走廊。茶马古道是一个非常特殊的地域称谓，是一条世界上自然风光最壮观、文化最为神秘的旅游绝品线路，它蕴藏着开发不尽的文化遗产。茶马古道源于古代西南边疆的茶马互市(也称茶马交易)，兴于唐宋，盛于明清。茶马古道主要有三条线路：青藏线（唐蕃古道）、滇藏线和川藏线。在这三条茶马古道中，青藏线兴起于唐朝时期，发展较早；而川藏线后来的影响最大，最为知名。这三条道路都与昌都有着密切的关系，其中，滇藏线和川藏线必须经过昌都，它们的发展是与茶马贸易密切相关的。茶马古道连接

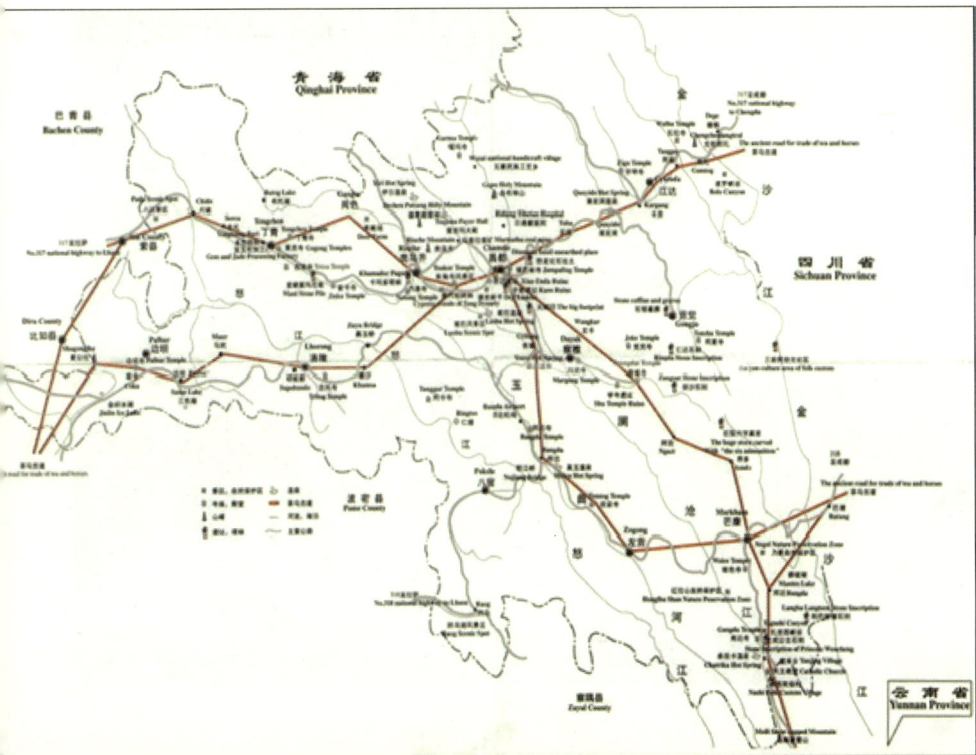

川滇藏，延伸入不丹、尼泊尔、印度境内，直到西亚、西非红海海岸。滇藏茶马古道大约形成于公元6世纪后期，它南起云南茶叶主产区普洱，中间经过今天的大理白族自治州和丽江地区、香格里拉进入昌都，直达拉萨。有的还从西藏转口印度、尼泊尔，是古代中国与南亚地区一条重要的贸易通道。

沧桑古道　　历史证明，茶马古道是一条精神的超越之路。每当马帮踏上征程的时候，恶劣的气候、艰险的行程对他们来说就是一次生与死的体验之旅。茶马古道的艰险超乎寻常，似乎正是因为艰险才可以激发人潜在的勇气、力量和忍耐，使人的灵魂得到升华，从而衬托出人生的意义和伟大。不仅如此，藏传佛教在茶马古道上的广泛传播，还进一步促进了滇西北纳西族、白族、藏族等各兄弟民族之间的经济往来和文化交流，增进了民族间的团结和友谊。沿途上，一些虔诚的艺术家在路边的岩石和玛尼堆绘制、雕刻了大量的佛陀、菩萨和高僧，还有神灵的动

▲ 茶马古道

物、海螺、日月星辰等各种形象。那些或粗糙或精美的艺术造型为古道沧桑而又漫长的旅途增添了一种精神上的激励，也为那遥远的地平线增添了几许神秘的色彩。从久远的唐代开始，直到20世纪五六十年代滇藏、川藏公路贯通，历经岁月沧桑1000余年。茶马古道就像一条大走廊，连接着沿途各个民族，发展了当地经济，丰富了商品市场，促进了边贸地区农业、畜牧业的发展。与此同时，沿途地区的艺术、宗教、风俗文化、意识形态也得到空前的繁荣和发展。

茶马古道与昌都　　茶马古道是昌都地区自然与人文旅游的一条重要线索，自然界奇观、人类文化遗产、民族风俗与文化底蕴，还有那些数不清、道不尽的缠绵悱恻的故事大多流散在茶马古道上。茶马古道也是历史的积淀，蕴藏着人们千百年来的活动痕迹和执着的向往。茶马古道穿过川、滇、甘、青和西藏之间的民族走廊地带，是民族交流与民族融合的地方，更是多民族演绎历史悲喜剧的大舞台。昌都作为茶马古道历经的主要地方，其中存在着永远发掘不尽的文化宝藏。昌都也是茶马古道考古旅游的重要地方。

然乌湖

　　然乌湖位于昌都地区八宿县境内西南角，距离县城白马镇约90公里的然乌乡，它是由于山体滑坡或泥石流堵塞河道而形成的堰塞湖。在地质运动活跃的藏东南一带有很多这样的堰塞湖，然乌湖由于紧靠川藏公路，因而为许多走川藏线的旅行者所熟知。

　　然乌湖湖面面积为22平方公里，湖面的海拔高度为3850米。湖畔西南有岗日嘎布雪山，南有阿扎贡拉冰川，东北方向有伯舒拉岭，四周雪山的冰雪融水构成了然乌湖主要的补给水源，并使湖水向西倾泻形成西藏著名河流雅鲁藏布江重要支流帕隆藏布的上源之一。然乌湖的湖边是一大片碧草如茵的草甸，和着碧蓝的湖水、白雪皑皑的雪峰，景色如诗如画。狭长的阿木错湖向西蜿蜒10余公里逐渐收缩成一道河谷，随季节的不同，河水也呈现出或碧蓝或青绿等数种颜色。河道中许多岩石和小岛点缀其间，湖面上春季树影婆娑，秋冬薄雾弥漫，四季美景都会使人如进梦幻之境。

然乌湖

强巴林寺

强巴林寺亦称昌都寺，位于昌都镇昂曲和杂曲（"曲"在藏语里意为"水"）两水交汇处，它巍峨地依附在横断山脉之下，耸立在古冰河切割而成的红壤层上。强巴林寺是西藏东部地区最大的藏传佛教寺院。经过500多年的历史变迁，寺庙经院、佛像、僧舍保存完好，很多传统的宗教活动传承至今。

与内地关系　从历史上看，强巴林寺与内地王朝的关系历来极为密切。从清朝康熙帝开始，该寺主要活佛受历代皇帝的册封。乾隆五十六年，乾隆帝为昌都寺书赠"祝厘寺"的匾额。寺内至今还保存着康熙五十八年五月颁发给帕巴拉活佛的铜印。昌都强巴林寺有五大活佛世系，12个扎仓，僧人最多时达5000余人，并辖周围小寺70座。现任全国人大副委员长帕巴拉·格列朗杰为该寺第一大活佛，现已转世至十一世。

建筑特色　强巴林寺是由宗喀巴弟子喜绕松布于公元1444年创建的。该寺主要建筑保存完好，经堂内塑有数以百计的各类佛像和高僧塑像，上千平方米的壁画以及众多的唐卡画，可以说是汇集了昌都能工巧匠的聪明才智，代表了昌都一带的最高水平。强巴林寺的"古庆"跳神素以狰狞逼真的面具、整齐典雅的动作造型、宏大的场面而闻名雪域高原。

▼ 强巴林寺

该寺跳的钺斧舞，服饰整齐华丽，舞姿古朴典雅，风格别具一格，配器简约清越，处处彰显藏东特色。以该寺独有的宗教舞蹈为形式的昌都藏戏

在整个西藏自成一派。该寺喇嘛跳的卓舞更是一绝。强巴林寺不仅是康区最大的寺庙，而且还堪称康区文化艺术宝库。

盐井

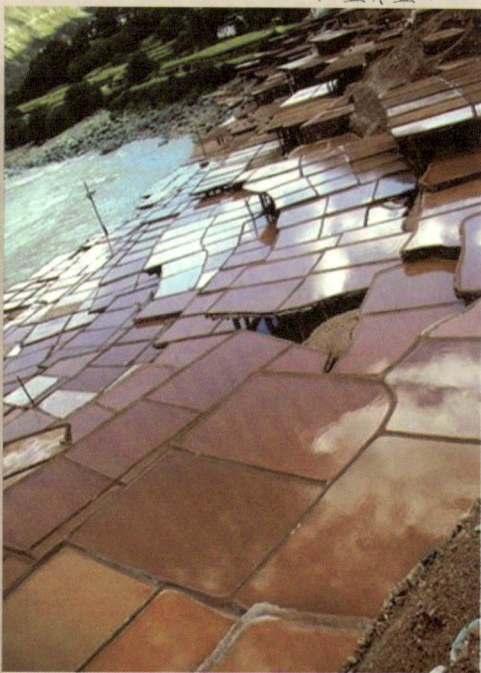
▼ 盐井盐田

盐井属芒康县，是茶马古道在西藏的第一站，海拔3000米左右，紧依澜沧江，乡所在两侧都是海拔4000多米的高山。盐井藏语名为"擦卡洛"，"擦"即"盐"的意思。盐井有很多盐田，故此得名。历史上盐井曾是吐蕃通往南诏(即现在的云南省)的要道，滇茶运往西藏的必经之路，它藏身于西藏芒康县和云南德钦县接壤之地。从昆明出发，最终抵达西藏拉萨的滇藏线是途经这里的唯一公路。盐井自古以生产井盐闻名遐迩，但更因其传统制盐术、西藏唯一的天主教堂，以及当地奇特的多民族、多宗教信仰等人文风情引人入胜。

盐井风光 去往盐井的路沿澜沧江而行，澜沧江虽长，却只有地处中段的盐井多卤水可以晒盐。更为神奇有趣的是，同一条江，这一岸产红盐，那一岸产白盐，也因此江岸两边的村子被称为白盐井和红盐井。大自然的景观慑人心魄，但盐民在澜沧江两岸层层叠叠用圆木柱支起的数千块盐田更为壮观。盐井盐田其实是倚崖而建，以林立木料作为支撑的排排高大盐棚。经年累月的使用，盐水渗透木料在其表面凝结成一层厚厚的晶体，阳光下璀璨生辉。盐井的盐田，被称为"阳光与风的作品"，当地至今仍完整保留着世界独一无二的古老制盐术。在其他地方晒盐只需汲湖水即可，而在盐井则需打洞到河床上的盐矿，用木桶将卤水背到自家盐池，再从盐池将卤水分送到自家制的木架盐棚上，晒成盐巴。晒好的盐巴由马帮、骡帮负责跋山涉水销往滇、藏、川一带，为盐民换回生活所需。每年6—9月的雨季，涨水的澜沧江会将盐田淹没，但随着秋风送爽，美丽的秋季便又带来了晒盐的好季节。

盐井与天主教　　也许正是由于茶马古道盐粮交易的兴盛，早在1865年，外国传教士就把天主带到盐井，至今已有近一个半世纪。而在天主教传入盐井前，这里的所有民众都虔诚信仰藏传佛教。天主教在盐井传承至今并得以发展，经历了颇为复杂的历史。也因此，今天的盐井有着多民族、多宗教，兼容并蓄、共存发展的独特文化现象。盐井被一条沟划分为上盐井、下盐井。下盐井多为外来的纳西族人，他们住藏式民居，喝酥油茶、吃糌粑，说带纳西口音的藏语，信仰藏传佛教，和藏族没有很大区别。奇怪的是，居住在上盐井的虽都为土生土长的藏族，80%左右却是虔诚的天主教徒。这里很多身着传统服饰的藏民脖子上挂着十字架，甚至有着"玛丽娅"、"约翰"等属于自己的教名。

察雅仁达摩崖造像

　　仁达摩崖造像位于察雅县旺布乡境内丹玛山崖。当地群众依据造像而称之为仁达大日如来殿。造像利用丹玛山峭壁岩石依山雕凿而成，分为主供佛大日如来佛，陪衬佛八大随弟子和两个女飞天神，附加佛护贝龙王，以及殿堂上部松赞干布和文成公主刻像等。造像下面有吐蕃时期凿刻的藏文铭刻和数十个汉字。
在造像右边刻有藏文的《普贤行
愿品》经文。

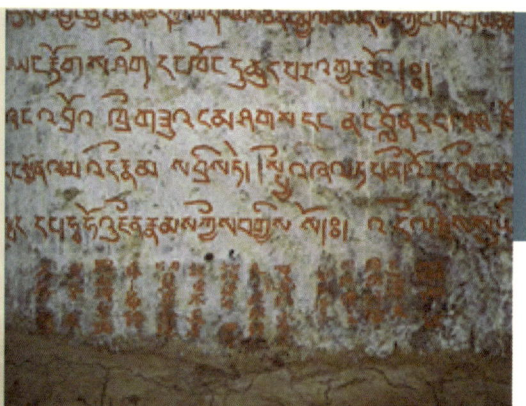

▲ 察雅仁达摩崖造像

察雅仁达丹玛摩造像及石刻，
是赤德松赞时代的，距今已有约
1200年。这座石崖造像的价值主
要如下几点：首先，从"摩崖造
像"上的文字看，既有藏文，又有汉字，和大昭寺门前的"唐蕃会盟
碑"有一定的联系，并且，"摩崖造像"的文字中提出了完成藏汉友好
大业的任务。同时，大昭寺门前的"唐蕃会盟碑"上写着已完成了藏汉
结盟的任务，这就说明了石碑在历史上的连贯性，也表明了汉藏两个民
族友好具有悠久的历史。其次，"摩崖造像"的文字内容还说明西藏的
政教合一的萌芽从那个时代就已经形成了。最后，察雅仁达丹玛摩造像
及石刻，是康区一带唯一能被确定为吐蕃时代的造像铭文。"摩崖造
像"的发现对于研究吐蕃时期、赤德松赞时代昌都地区的政治、文化、
语言、书法、绘画、雕刻艺术等有着非常重要的参考价值。

多拉神山

多拉神山位于八宿县白马镇以东63公里的川藏公路旁，由于川藏公
路，交通极为方便。这座神山规模并不是很大，传统上分为外圈、中
圈、内圈。徒步转中圈一圈约需4小时，沿途可观赏到各类石刻艺术。
当你登上主峰后，整个多拉山的美景便可近在眼前了。内圈是多拉神山
的核心部分，也是主要的参观游览的精华区，途中可朝拜并欣赏以莲花

▲ 多拉神山

生大师为主的各类佛像、佛塔、六字真言及藏文祈祷经。多拉神山的神秘之处在于满山遍野的石灰岩上刻满了佛像和六字真言。由于年代久远，加之常年累月的风吹雨淋，风化现象极为严重，故早已失去了人工雕凿的印痕，这就使不少人相信这些佛像和六字真言是自然形成的。

昌都地区其他主要景区（点）

仁措湖　　仁措湖位于八宿县郭关乡境内，这里地势开阔，环境幽静，绿草茵茵，是良好的天然牧场。由于湖水来源于雪山冰峰，水源充足，一年四季清澈透明。仁措湖面积不算小，需一天时间才能转一圈。湖中的鱼类资源极为丰富，尤其是盛夏之际，大量的鱼在碧蓝的湖水中悠闲地游玩，各种各样的飞鸟则在这幽静的地方筑巢栖息。如果在欣赏仁措湖美景的同时，在湖旁的温泉里尽情沐浴，那真是一种别有情趣的绝伦无比的享受。

生钦朗扎神山 生
钦朗扎神山位于昌
都地区江达县岗托
乡境内，距县城100
公里，是康区25座
佛教神山之一。神
山规模较大，骑马
转一圈需一天的时

▲ 生钦朗扎神山

间。山上景点众多，其中较有特色的有：猴子摘帽、莲花生大师石像、
莲花生降妖洞、莲花生修行洞、噶玛巴修行洞、生钦朗扎山寺等。诸多
修行洞中以莲花生修行洞最为著名，其中奇形怪状的石头仿佛自然形成
的佛像。康区很多宁玛派、噶举派的高僧曾在此神山上修行过，所以虔
诚的教众都极为推崇生钦朗扎山，并以朝拜该神山为一生幸事。

查杰玛大殿 查杰玛大殿位于类乌齐县的类乌齐镇，距县城约30公
里。查杰玛大殿是昌都地区历史最悠久、规模最宏大的一座古寺。该殿
一向以雄伟壮观的气势、珍藏众多的佛像经典而闻名。过去，当地群众
流传着"先去朝拜拉萨的大昭寺，而后再去查杰玛大殿"的说法，可见
它的名气之大。如今的大殿是在"文化大革命"之后重建的，但规模和
气势与过去一样。里面至今珍藏着质量上乘的文物精品，如传说为格萨
尔用过的马鞍和战刀、八瓣莲花的金刚像、明清时的唐卡以及不同历史
时期的金属造像，雕刻精美，非常珍贵。

布托湖 布托湖是两个不同面积的高山湖泊的通称，位于丁青县城北
约25公里处，不通汽车。它是澜沧江支流色曲河的两个平行排列的高山
湖泊，海拔4560～4600米，两湖相隔约5公里。布托措青湖面积约9平方
公里，布托措穷湖位于青湖的东面，面积约6平方公里。布托湖的水来

▲ 布托湖

源于附近雪峰林立的冰川，湖四周的地势为高谷盆地，地势开阔，牧草丰盛，是丁青一带最为难得的夏季牧场。两湖的渔业资源也很丰富。每当夏季，在这宽阔的草场，水草丰美，野花竞艳。牧民的帐篷斑斑点点散落在草原上，肥壮的牦牛和雪白的绵羊如繁星般点缀其间，高原牧场风光无限。

三色湖　　三色湖位于昌都地区的边坝县边坝镇境内，距县城约50公里。从县城驱车，途经连片的沙棘林，穿过藏东风格独具的村庄，就可以到达海拔4200米左右的三色湖群，分别为白湖、黑湖和黄湖。白湖藏语称"措嘎"，湖色灰白，绿树倒映湖面，鱼儿跳跃湖上。黑湖藏语称"措那"，三湖中面积最大，远看似墨，群山环抱，深不可测。黑湖与白湖有溪相连，宛如母子。黄湖藏语称"措斯"，三湖中面积最小，太阳光下，水色金黄，雨雾连天，湖土同色。

同卡寺　　同卡寺位于昌都地区八宿县境内。公元1473年创建的八宿同卡寺为西藏地方政府四大摄政中功德林所属的一座寺庙。它为祖国的统一、藏汉民族的团结、藏汉文化交流方面曾做出过突出的贡献。尤其是该寺第七世活佛罗桑巴登江村出任北京雍和宫堪布以来，与内地的宗教文化交往更加频繁。八宿同卡寺至今珍藏着大量的文物，既有古印度铸造的佛像，也有吐蕃时期藏族工匠铸造的佛

像，更有内地工匠铸造的佛像。离寺庙1000米处有一佛塔，呈四方形，高约25米多，是昌都地区最高的古塔之一。

吉斯寺　　吉斯寺位于芒康县宗西乡境内，是芒康县52座寺庙中最大的一座寺院，文物保护也最好。该寺有一座释迦牟尼像据说是唐朝时期

的文物，是大昭寺释迦牟尼像的前身。有对"嘎东曲登"也是唐朝时的文物。另外，寺中唐、元、明、清时代的文物也较多。该寺属红教派，邻近有不同教派的果南寺、色堆寺、帕然寺等。

孜珠寺　　孜珠寺位于丁青县觉恩乡境内的孜珠山上，离县城约37公里。据说孜珠寺的历史最早可追溯到两三千年前。孜珠寺是苯教著名高僧罗邓宁波·仁增康珠于14世纪中期再度兴建和恢复的。"孜珠"意为六座山峰。这里异峰突起，挺拔险峻，怪石嶙峋，禅洞叠叠。孜珠寺的苯教禅院可系统地讲述苯教经典，传授包括神秘而古老的苯教无上瑜珈等各种修习方法，该寺还存有一种古老的苯教裸体神舞。

卡若遗址　　卡若遗址位于昌都县城东南约12公里的加卡若村，鉴于它西距昌都县加卡区的卡若村仅400

▼ 孜珠寺

米，故用"卡若"命名。卡若遗址是西藏20多处文物保护单位中唯一的新石器遗址。该遗址面积大，保存情况好，文物堆积层丰富，文

▲ 长毛岭养鹿场

物分类繁多，是藏学界公认的西藏三大原始文化遗址。该遗址发掘结果表明，在澜沧江源头这片肥沃神奇的土地上，藏族先民们早在4000～5000年前，不仅学会了制造各种精致的石制工具，有了粗糙的纺织品和缝制的物品，并且还制作了彩陶和装饰品，建造了房屋，过上了定居的生活。

长毛岭养鹿场　　长毛岭养鹿场位于类乌齐县长毛岭乡那登通，海拔3960米，离县城52公里，通汽车。该地1988年被西藏珍稀野生动物考察队划为马鹿自然保护区。该场始建于1975年，后逐年扩大，现占地3.6平方公里，饲养野马鹿120余头。在养鹿场圈外野鹿至少有几百头。长毛岭养鹿场不仅是昌都地区，而且是西藏唯一的马鹿自然驯化场地。鹿场内以国家二级保护动物马鹿为主，也有少量的国家一级保护动物白唇鹿。

波罗吉荣大峡谷　　波罗吉荣大峡谷位于江达县同普乡与波罗乡交界处，离县城约25公里。从县城流来的多曲河向东奔腾流入金沙江。两岸雄峰夹峙，悬崖千丈，峡谷长约5公里。在峡谷的多曲河中有传说为格萨尔下棋用的四方形巨石骰子、珠姆的"天桥"、石刻佛像等景观。在峡谷半山腰处有一个很难攀上去的山洞，当地群众称此洞为格萨尔降妖洞。

Traffic | 交通

　　昌都地处藏东，交通主要以公路和航空为主，国道214、317、318，省道303等交通线路，穿越境内，路面多为砂石路面，雨季时有泥石流、塌方等自然灾害发生，常常会导致交通中断。境内的邦达机场，开通至拉萨、成都航线，出行较为快捷，但由于地处高原，航班起降受天气影响较大。

▼ 昌都邦达机场

航空

　　昌都邦达机场位于昌都地区八宿县境内，海拔4300米，跑道长度5500米，距昌都镇171公里，被称为"世界上海拔最高"、"世界上离市区最远"、"世界上气候最恶劣"、"世界上跑道最长"的民用机场。由于昌都的飞行条件比较差，航班经常取

消或延误，即便登上了飞机仍有被请下的可能。昌都邦达机场距地区行署驻地昌都镇130多公里，目前只开通至拉萨、成都的航线，市内可乘坐机场班车、出租车到达，出租车费用约250～300元，拼租约为50元/人。

公路

昌都地区各县之间距离较远，车程较为漫长，昌都客运站有开往成都、拉萨、芒康、察隅、那曲、林芝、波密等地的长途客运班车。

昌都往返成都　　成都的新南门车站、成都昌都宾馆都有进出昌都的往返车次。昌都至成都全程1200多公里，车程大约为3天。

昌都往返拉萨　　昌都与拉萨相距约1000公里，由于路况较差，行车约需3天，定期或不定期，主要根据人数和道路情况而定。如果有超过20人同行且道路状况理想，可联系客运站安排发车。昌都往返拉萨途中，可以在过路的旅店休息或吃东西，所以路上需时较多。如果没有合适的汽车班次，可以搭乘顺路和过路车，主要以货车为主，运气好的话可以找到往返于拉萨、芒康及成都的，这些货车大多停靠在客运站，你可以直接找到在招待所住宿的司机，与他面议。

市内交通

公交车　　昌都公交多为中巴车，上车1元。

出租车　　昌都出租车起步价5元，市区内一般收费10元。

三轮车　　昌都市区三轮车较多，一般可坐2人，市区内价格约3～4元。

住宿

　　昌都在西藏还算繁华，既有比较好的宾馆、酒店，也有普通的旅馆、招待所，能基本满足旅行者的要求。康盛宾馆设施比较完善，其他好一些的还有昌都饭店、绵阳大酒店、金道大酒店等。

康盛宾馆

　　康盛宾馆位于昌都地区西路10号，位置在客运站以东，与客运站相距约5分钟路程，设施比较完善，有卫生间、电话、彩电等标准配置。

◀康盛宾馆

昌都饭店

　　昌都饭店是昌都地区目前唯一的一家三星级酒店，占地宽敞，有露天茶园、泳池，尽可享受高原温暖的阳光。住宿停车可享受免费洗车（店内）服务。昌都饭店于1984年8月8日开业，2000年新装修，楼高6层，共有客房85间（套），标间面积23～30平米。

经济型旅馆

　　昌都镇内的宾馆和招待所的价格普遍在20～100元不等，大多没有独立卫生间，热水供应也不太方便。

Food | 美食

昌都饮食及餐具风格迥异，常见的有核桃玉米九宝粥、五香青稞糌粑、生肉酱、淹生肝、干肉粉（块、条）、蜂蜜酥油汤、各色辣酱等，丰富而有特色，符合现代人的绿色消费时尚。集汉、蒙、藏饮食文化于一体的手抓羊肉、骨髓胶子汤、包子、藏式火锅、面片很有特色。酥油奶茶、甜茶，还有清爽可口的青稞酒，自产自酿的葡萄酒，饮后余香绕口。餐具更具特色，整洁丰富，样式别致。

核桃玉米九宝粥

昌都地区的核桃玉米九宝粥就是在粥里加入了一些核桃，因而口感更好，更健康。核桃仁含有较多的蛋白质及人体营养必需的不饱和脂肪酸，能滋养脑细胞，增强脑功能。玉米中含有大量的营养保健物质，不仅含有碳水化合物、蛋白质、脂肪、胡萝卜素和维生素等营养物质，进食玉米还能刺激人脑细胞，增强人的脑力和记忆力。

五香青稞糌粑

五香青稞糌粑是由青稞、麦子、粟米、玉米、火麻等加工而成，在昌都地区，吃五香青稞糌粑时往往伴酥油茶。五香糌粑可口香甜，大家围坐火塘，边拉家

▲ 五香青稞糌粑

常，相互敬劝，边将糌粑和一碗酥油茶相伴慢嚼细吞，真可谓美妙绝顶，回味无穷。这是昌都地区家人和亲朋好友相聚时必吃的休闲饮食。

生肉酱

▼ 四味生肉酱

生肉酱就是几种可入味的藏药与捣碎的新鲜生牛肉最奇妙的混合。生肉酱，猩红血性的颜色，兴烈冲鼻的口味，吃下肚更是暖洋洋、热烘烘的一团。

Shopping | 购物

　　昌都地处雪域高原，山高谷深，动植物资源比较丰富，盛产冬虫夏草、雪山雪莲、红景天、藏红花、草红花等高原名贵中草药。昌都的瓜、果、梨、桃等高原水果，品种繁多，亦是购物首选，其中以八宿的醉梨最为有名。此外，昌都地区的各种民族服饰、手工艺品等，色彩艳丽，图案精美，民族风情浓郁，购之馈赠亲友，或作家居装饰，无不别有风情，富有创意。特别是位于扎曲河上游，离昌都县城120公里的嘎玛地方生产的手工艺品更是闻名康藏。而锋利铮亮的各式藏刀，就更是喜爱品刀、藏刀的朋友的出行首选了。

八宿醉梨

　　醉梨产自昌都地区的八宿县、左贡县及怒江两岸的上林卡与下林卡区。醉梨醇香，食之不觉酒味，食后不久宛然如醉。醉梨果实卵圆形，果皮黄色，上有麻点密布。果肉黄白色，肉质松脆，稍粗，汁多味甜，果心稍大，食之有渣，重400～500克。醉梨传说是天神为了欢迎文成公主一行，代酒洗尘的宴品。这些地方数百年的老梨树，仍然满树盈果，倔强地生长。

▶ 醉梨

藏鞋

藏鞋以牛皮做底，鞋帮用各色丝线或各色皮革、金丝缎、氆氇制成。大致分为三种，即"松巴鞋"、"嘎洛鞋"和"多札鞋"。"松巴鞋"以花纹美丽而著称；"嘎洛鞋"美观、结实；"多札鞋"产于昌都。

▼ 藏鞋

雕镌工艺品

　　昌都地区的民族手工业历史悠久，工艺复杂多样，制作手法精湛，极富特色，在康区的影响很大。特别是位于扎曲河上游，离昌都县城120公里的嘎玛手工业更是闻名康藏，它已成为昌都地区民族手工业历史发展的中心。目前，昌都地区依然活跃着一支精干的民族雕镌、绘染的工匠队伍。他们用无穷的智慧和勤劳的双手装扮点缀着藏民族的生活，而且影响波及邻近的青海省和四川省的甘孜、阿坝藏族自治州以及云南省迪庆藏族自治州等地区。

　　购买昌都地区特产（工艺品），可前往昌都镇的友谊超市以及公安处对面的实惠超市以及工艺品购物街。另外，各县城也都有一些购物点，如类乌齐县渝中路购物市场、江达县邮政局门面的正大超市等。

东坝野生葡萄

　　东坝地处怒江峡谷中，海拔2000余米，四季分明，素有"左贡小江南"的美誉。这里民风古朴，人们热情朴实，性格极为奔放。左贡野生葡萄质好味美，用其酿造的野生葡萄酒甘醇可口，回味无穷。游客到达此地都会购买一些野生葡萄和野生葡萄酿造的葡萄酒。

▲ 东坝野生葡萄园

▼ 东坝野生葡萄

昌都地处藏东，少数民族众多，古老的康巴文化便孕育流传于这片神秘的山水之间，欢乐的锅庄舞、悠扬的藏族歌谣，还有古老的丁青热巴舞、昌都卓舞、芒康弦子等带有古朴而浓郁的康巴风情的歌舞等都是当地民众表达感情的艺术表现形式。

康巴文化

康巴人性格豪爽，民间的婚丧、服饰、饮食、节日和民间文学等无不显露出淳朴古老的康巴特色。每当春播和秋收时节，人们在田间地头聚集，喝青稞酒，跳起锅庄舞，唱起藏族歌谣，共庆丰收，享受收获的喜悦，还会与过路人对歌，若对不上则罚以饮酒。康巴人在上千年的劳动和生活中所创造的文化就是康巴文化。康巴文化包括康巴地区的社会、经济、政治、宗教、艺术、绘画、建筑、风俗、心理等。康巴文化不仅包括物质文化，如建筑等，还包括精神文化，如宗教文化、习俗文化。康巴文化作为藏族文化的一部分，与安多、卫藏的文化有同根同源的共性。同时，康区地处藏族与东部汉、羌、彝、纳西等民族交接的边缘，因而其文化又具有明显的多样性和多重性特点。正因为康巴文化的多样性和神秘性，所以它吸引着众多游客前来感受。

独特性　　康巴文化是一个特定地域的独特文化。一方面，在这一文化区内，藏文化以其特殊的绚丽色彩而闪亮，浸润着康巴大地。康巴在语言、习俗、生活方式、信仰习惯等许多方面，虽然与其他藏区存在一定的共性，但又有不少明显的差异，具有自己独有的特性。这一特性表现在康巴文化中的格萨尔人文精神上。另一方面，康巴文化又不是单一的藏文化，除藏文化之外，它还包含着其他一些民族文化，具有文化兼容和复合的特色。就旅游文化来看，康巴文化中既有像西藏一样的雪域人文神韵，又有西藏所没有的多元、复合文化的绚丽风采。人们在这里既可观赏到西藏一样的藏文化与雪域高原景观，又可以领略到在内地与西藏都没有的特殊的人文风情。这种文化内涵的独特性，使康巴文化旅游具有得天独厚的优势。

▼ 康巴女子

康巴服饰　　闻名遐迩的康巴服饰，则以昌都、德格一带服饰为典型，其装饰品主要有象牙发箍，金银镶边的红珊瑚大耳环，珊瑚、玛瑙、琥珀等珠宝项链，用金、银、铜精制的佛盒"嘎乌"、大镰盒等，腰际横插或斜佩长藏刀、短吊刀，手指上戴有金银并镶嵌有珊瑚等珠宝的戒指。外套藏袍以绸缎、布、毛织氆氇品等制成，边上以水獭、虎、豹等皮镶边，脚蹬藏皮靴或红黑相间的毛质氆氇尼靴，头扎一根又黑又亮的长发辫，夹以红、黑、蓝等大股丝、

绒线，盘头而绕，尾端呈散状，垂落于头侧，显得扬扬洒洒，威武剽悍；着帽的或戴金毡帽，或戴狐皮帽，愈显雄姿英发，潇洒自如。在着装上，康巴汉子一般将藏袍下摆提升至膝盖以上，脱两袖扎于腰际，腰间除火镰等佩物外，一把横插的长刀十分耀眼，有的头上还有飘洒的"英雄结"，倍显剽悍、粗犷英武。

▲ 康巴汉子

芒康弦子艺术

在西藏，弦子舞是芒康唯一特有的民族舞。芒康弦子舞历史悠久，据考证，唐朝时期芒康就有跳弦子舞的历史，但那时的弦子舞是以单一的拉唱为主、家庭形式的小型歌舞。唐朝时期茶马古道的开发，给芒康弦子舞注入了创新和发展的生机，聪明才智的芒康人民在与其他民族和周边地区的交往中不断地吸收其他地区、民族的文化，不断地增色滋补，不断地发展创新。现在的弦子舞是歌舞相结合，以悠扬歌声伴随着优美的舞蹈，以一切生活为题，"人人创作，人人唱跳，人人加工"，不断丰富和发展起来的独具民族特色、地域特色的文化艺术。弦子舞是群众性的一种爱好和娱乐，成为藏民族文化艺术历史长河中的一个珍宝，被誉为茶马古道上的"古道神韵"。

▲ 芒康弦子舞

昌都卓舞艺术

在昌都最为普遍和风行的便是跳卓舞，即锅庄舞。卓舞在昌都十分普及，每逢喜庆和节日，人们围成圆圈，脚踏舞步，挥臂高歌，无论城乡，到处都能见到这种最为大众化的歌舞。人们这样赞誉锅庄舞内容之丰富："天上有多少颗星，卓就有多少调；山上有多少棵树，卓就有多少词；牦牛身上有多少毛，卓就有多少舞姿。"卓舞是一种无伴奏的集体舞。

每逢节日、庆典、婚嫁喜庆之时，广场上、庭院里男女相聚，围成圆圈，按顺时针方向边歌边舞。舞圈中央通常置青稞酒、哈达，舞后由长者或组织者敬献美酒、哈达，兄弟姐妹情谊借此得到升华。

昌都锅庄可分为农区锅庄（包括城镇）、牧区锅庄、寺庙锅庄三大类，动作大体可分两类：一类节奏缓慢，舞姿舒展优美；另一类节奏急舞蹈热烈奔放。昌都锅庄的动作多有模拟动物形态的，如"猛虎下山"、"雄鹰盘旋"、"孔雀开屏"、"野兽戏耍"等，其表演注重姿态和情绪的变化和表现。昌都锅庄的节奏在表演中前后有三次变化，序舞时只要舞蹈者站好自己的位置，脚步缓慢地交替迈步即可，步伐很轻，力度也不强；序舞过后逐渐进入慢板舞蹈，最后进入最能体现卓舞粗犷奔放特征的快板舞蹈阶段，这时，舞蹈者的情绪达到高潮，场面极为热烈。跳卓舞时，男性舞步高扬，歌声浑厚，女性碎步轻盈，歌声甜润悠扬，是来到康巴地区不可错过的一道亮丽的风景线。2001年，昌都县被西藏自治区人民政府命名为"锅庄艺术之乡"。

TIPS 温馨小贴士

初到昌都

昌都地区道路状况比较差，季节性强，尤其在雨季，经常会发生塌方、泥石流等，以致经常断路，所以旅客应做好心理和生理准备。昌都地区虽然偏僻，交通不便，但设施比较齐全，所以游客大多不用担心吃住等问题。一般冬季在昌都旅游，需要带好御寒衣服，如果是夏季前往，则也要带上毛衣、毛裤。昌都地处高原，游客可以根据自身情况带一些常用药品。

由于昌都特殊地貌和气候条件，决定了你最好在4—5月份和9—10月份，也就是该地区的初夏和深秋季节探访她，其余的季节里公路交通大多会因为连绵不断的雨季和大雪而不畅。在这两个季节里你能欣赏到很漂亮的风景：初夏时节，绿草茵茵，山花烂漫于野，藏族人一般都携家带子盛装出门"耍坝子"、"逛林卡"。深秋季节，山野色彩斑斓，天蓝水碧，山川胜景如诗如画。

G 阿里篇

ALi

阿里 地处西藏的西部，平均海拔4500米以上，素有"世界屋脊的屋脊"或"西藏的西藏"的称谓。阿里古称"羊同"，意为"大鹏鸟"之地。阿里地区位于青藏高原最西部，北接新疆、青海，东连那曲地区、日喀则地区，西南分别与印度克什米尔和尼泊尔接壤，边境线长达1000余公里，是我国边境线最长的地区。全境为喜玛拉雅山、喀喇昆仑山和岗底斯山所环抱，辖噶尔、革吉、改则、措勤、日土、扎达、普兰7县，总面积34万平方公里。由于生存环境恶劣，人口只有7万人左右，是世界上有人类生存的地方人口密度最小的地区。

阿里地区终年低温严寒，年平均气温不足零度，大风天气达180天以上，是西藏自治区生存条件最恶劣、自然灾害最频繁的地区。或许正因为如此，阿里总给人一种神秘莫测的感觉。阿里，这片西藏苯教的发祥地，对探险寻幽和朝圣的人们来说，不仅是一个绝佳的好去处，更是一个寻梦的地方。

阿里地区湖泊众多，人烟稀少，有众多美丽绝伦的雪山，且险峻多姿，气势磅礴；有着数不清的湖泊和走不到尽头的宽阔草原，各种高原珍奇动物和名贵的植物让你博览世界而不知疲倦。被佛教信徒视为"世界中心"的神山岗仁波钦和圣湖玛旁雍措，不管你以何种角色去审视，都会产生一种无形的肃穆和敬畏。还有古格王国遗址、托林寺、斑公湖自然风景区、鸟岛、科加寺、独特的地貌扎达土林、东嘎皮映洞窟壁画、"古象雄文化"以及具有500余年历史的"普兰国际市场"等，都宛如一颗颗璀璨的明珠，让你顾盼流连。这里有四条著名的河，即狮泉河、孔雀河、象泉河和马泉河，分别是印度河、恒河、萨特累季河、雅鲁藏布江的源头。尽管阿里的海拔非常之高，路途异常艰险，补给不足，交通不便，但它奇特的高原风貌势不可挡地吸引着无数探险者们去征服它、体验它、欣赏它。如今阿里越来越成为到西藏旅游，或者说探险旅游中最热门、最时尚的一程。

冈仁波齐峰

冈仁波齐峰是冈底斯山脉的主峰，海拔6638米。冈仁波齐在藏语中意为"神灵之山"，西藏的本土宗教——苯教便发源于此，每年来自印

▲ 冈仁波齐峰

度、尼泊尔、不丹以及我国各大藏区的朝圣队伍络绎不绝，更体现出此峰的神圣意味。冈仁波齐峰经常被白云缭绕，很难目睹其真容，峰顶终年积雪，威凛万峰之上，极具视觉和心灵震撼力。该峰四壁分布极为鲜明对称，形似圆冠金字塔。由于气候恶劣而多变，冈仁波齐峰至今仍是一座无人征服的处女峰。

地理位置　　在西藏普兰县境内，有两个水系相通，是间隔仅3公里的高原湖泊。东面较大的是玛旁雍措，西面较小的是拉昂措。在湖泊的南北是两座著名的山峰：北面是冈底斯山主峰冈仁波齐峰，位于东经81.3度，北纬31度；南面是喜马拉雅山西段的纳木那尼峰，海拔7694米，位于东经81.3度，北纬30.4度。两峰相距约100公里。冈仁波齐峰的腰部是较大的淡红色平台，平台边缘被冰雪侵蚀，风化严重，呈犬牙状，平台之上有一圈凹进去的沟槽。其峰顶宛若皇冠晶莹夺目，远远望去却仅见一个浑圆的山顶。

朝圣　世界上大多数宗教都有一共同特色——朝圣。带着强烈而巨大的心愿，沿着一条相对固定、充满神迹启示的圣路，向一个公认的圣地进发，这便是朝圣之举。朝圣由来已久。在自然环境险绝卓著的西藏，朝圣尤其显得执着。笃信佛教的藏族人坚信朝圣能洗尽前世今生的罪孽，增添无穷的功德，并最终脱出轮回，荣登极乐。因此，总是有数不尽的藏族人，以独有的磕长头方式俯仰于天地之间，向具有强磁场般的圣地跋涉。"没有血肉之躯，便无朝圣之举，没有风尘仆仆，便无朝圣之途，不历经千辛万苦并跨越真正的时空，就不会有心灵的虔诚。"朝圣对于一个信徒而言，是可以以一生的时间去认真对待的神圣之举。甚至可以这样说，超出"苦行"意义之上的朝圣之旅是将个体生命之旅推向极致的唯一途径。

世界性神山　作为神山的冈仁波齐，其地位是世界性的。印度创世史诗《罗摩衍那》以及藏族史籍《往世书》、《冈底斯山海志》等著述中均提及此山。从这些记载推测，人们对于冈仁波齐神山的崇拜可上溯至公元前1000年左右。冈仁波齐神山同时被藏传佛教、印度教、西藏原生宗教苯教以及古耆那教认定为世界的中心。它在藏语中意为"神灵之山"，在梵文中意为"湿婆的天堂"（湿婆为印度教主神）。每年络绎不绝，来自印度、尼泊尔、不丹以及我国各大藏区的朝圣队伍们，使得这里的神圣意味不断得以体现并得到升华。

转山　相传，苯教与藏传佛教相争的早期，佛教尊者米拉日巴与苯教徒纳若本琼于冈仁波齐斗法时的若干遗迹仍有存留。在这些地方转一转并祈祷一番是后世朝圣者不可或缺的功课。转山是来自不同地方朝圣者最常采用的方式，转山路线分两条：外线是以冈底斯山为核心的大环山线路；而内线是以冈底斯山南侧的因揭陀山为核心的小环山线路。转山人一般都是在转足13圈外线之后再转内线。每逢藏历马年，转山的朝圣者最多。据说佛祖释迦牟尼的生肖（藏族传统生肖观受汉族相应观点影响较多，其生肖属相大小的具体排列也和汉族相一致，依次为：鼠、牛、虎、兔、龙、蛇、马、羊、猴、鸡（也有作乌鸦的）、狗、猪。藏历结合阴阳及五行等学说，在具体年代节气等方面和汉地不同，故生肖也略有区别）属马，马年转山一圈相当于其他年份转山十三圈，且最为灵验和积功德。

玛旁雍措

玛旁雍措位于冈仁波齐峰东南20公里处，纳木那尼雪峰北侧，海拔4588米，面积412平方公里，湖水最深可达70米，是世界上海拔最高的淡水湖。天气晴好时湖水蔚蓝，碧波轻荡，白云雪峰倒映其中，湖周远山隐约可见，景色奇美。玛旁雍措在藏语中意为"永恒不败的碧玉湖"，得名于11世纪在此湖畔进行的一场宗教大战，藏传佛教噶举派与苯教的争斗逐渐获胜后，便把已经沿用了很多世纪的"玛垂措"改名为"玛旁雍措"。沿湖而建的佛寺甚多，现存八座。唐代玄奘在天竺取经记中也称，此湖是西天王母瑶池之所在。历来的朝圣者都以到过此湖转经、洗浴为人生最大幸事。其实，玛旁雍措作为圣湖之王的地位，即便仅对一般旅游观光客来说，也是无可置疑的。

印度神话　　在印度的神话中，玛旁雍措是创造之神梵天用意念形成的，因为他的儿子在神山苦行后需要一个地方洗澡。因此，印度教徒

▼ 玛旁雍措

通常都会在转湖途中到湖中洗浴，而藏民一般只是步行或磕长头转，并不下水。至于旅行者，虽然在最温暖的时候湖水也很冷，而且湖边的风很大，但还是有很多人想借此洗清一生的风霜和内心的不安。很多书籍和经典描写玛旁雍措的水"像珍珠一样"，喝了以后能洗脱"百世罪孽"，几乎所有的藏族老百姓也会称赞玛旁雍措的水"很甜"。

藏文古籍典故　　藏文古籍《冈底斯山海志》中是这样记叙的：圣湖玛旁雍措中有一座广财龙王的龙宫，龙宫中聚集了世间众多的财宝。来到这里朝圣的人，只要绕湖一圈或者在湖边能得到湖中的一条小鱼、一块小石头、一根飞鸟的羽毛便算是得到了龙王的赏赐。在佛教传说中，认为玛旁雍措的湖水直接来自神山的融雪，是圣水，用它来洗浴能清除人们心灵上的五毒，肌肤上的污秽，使人的心灵纯洁。而印度教的故事则说，湿婆神与他的妻子乌玛女神居于神山，乌玛女神每天在玛旁雍措里沐浴，所以湖水成了圣水。

转湖　　圣湖周长约90公里，转湖需3～4天时间，一般都是按顺时针方向走。环绕着圣湖朝圣路的西面、西南面、南面、东面、北面分布着五座寺庙，分别是噶举派的吉吾寺、郎布纳寺、色拉龙寺，格鲁派的楚古寺和果祖寺。其中吉吾寺和楚古寺是最为著名的寺庙。楚古寺是圣湖周边最大的寺庙，是每年举行沐浴仪式的重要场所。吉吾寺位于吉吾村，与神山距离最近，是重要的游客集散地。沿途有三分之二的路紧靠湖岸线，北部的路要经过霍尔乡。转湖路上沙滩、砾石、沼泽交替，在湖东南方有几条河注入玛旁雍措，需淌水过河。自己要带食物，沿途有寺庙可供住宿，但条件极为简陋。沿湖边远足虽然没有神山的上下山坡那样艰巨，但多是松软的细沙路，走起来也很费力。尤其困难的是，在湖的南岸要面对溪涧的挑战。不过，当你看到远处的冈仁波齐峰时，你便会感到有一种无形的力量激励你勇往直前。

古格王国遗址

  古格王国遗址位于阿里地区扎达县城以西18公里处，于公元10世纪前半期开始建立，前后世袭了16个国王，王宫城堡是从10—16世纪不断扩建，并达到全盛，于17世纪吐蕃王朝瓦解后结束。古格王国遗址占地约18万平方米，从山麓到山顶高300余米，房屋建筑、佛塔和洞窟密布全山，达600余座，形成一座庞大的古建筑群。

建筑结构 古格王国遗址在阿里地区扎达县札不让区象泉河畔的一座土山上，共有屋洞窟300余处、佛塔（高10余米）3座，寺庙4座，殿堂2间，地下暗道2条。外围建有城墙，四角设有碉楼。整个遗址建在小土山上，建筑分上、中、下三层，依次为王宫、寺庙

▼ 古格王国遗址

和民居。在其红寺、白寺及轮回寺的雕刻造像及壁画中不乏精品。近年，在古格遗址周围不断发掘出的造像、雕刻及壁画是这个神秘王朝留给人们的宝贵财富。古格王国遗址里面壁画是遗址遗留最为完整、数量最多的遗迹，古格壁画风格独特，能全面地反映当时社会生活的各个层面。

雕塑　　古格王国遗址除了壁画以外，其雕塑也具有一定的考古价值。古格雕塑多为金银佛教造像，其中被称为"古格银眼"的雕像代表其最高成就。遗存最为完整、数量最多的是它的壁画。古格壁画风格独特、气势宏大，较全面地反映了当时社会生活的各层面。所绘人物用笔简练，性格突出，其丰满动感的女体人物尤具代表

▼ 古格王国遗址宫殿中的壁画

性。由于古格所处地理位置及受多种外来文化影响，在艺术表现风格上带有明显的克什米尔及犍陀罗艺术痕迹。

干尸洞　　在古格都城遗址北面600多米远的一处断崖上，有一个阴森恐怖的"干尸洞"。据说这是古格王国灭亡后留下的最后遗迹。这个洞是一组三室洞窟，主室平面是不大规整的方形，面积约10平方米。后室

和南侧室都很小，各有一个小洞口与主室相通，主室后壁上还挖有小龛。这两个洞室内都叠压着二三层尸体，踩在上面软软的，让人心里发毛。主洞室和两个小洞室内横七竖八地堆放着30厘米厚的散骨骼、破衣、碎布、绳子和小木棍等。骨骼非常杂乱，根本无法一一辨识每具尸体。洞里的尸骨没有一具是完整的，都是身首异处，奇怪的是，洞里虽然看不到一具头颅和头骨的痕迹，但却找到许多发辫和绑扎着的发束，说明尸体本来应当是带着头颅被堆进洞内的，后来这些头颅却神秘地不翼而飞了。在一些腿骨、脊骨上面，附着已经干枯的人皮和人肉，这实际上是一种没有完全脱水干化的干尸。

古格王国遗址是一座规模宏伟、面积浩大的高原古城，它不仅为研究西藏历史，而且为研究我国古代建筑提供了重要的实物资料。

扎达土林

扎达土林位于阿里地区扎达县境内，为远古大湖湖盆及大河河床历千万年地质变迁而成。方圆几百平方公里的土林内满是高低错落的"林木"，形态各异，并有早期人类洞窟遗址。扎达土林是经流水侵蚀而形成的特殊地貌，在高原迷幻光影的衬托下，宛若神话世界。进入扎达土林，便会看到象泉河两岸土林环绕，巧夺天工，蜿蜒曲折数十里。有的形似勇士驻守山头，有的形似万马奔腾，有的形似虔诚教徒静坐修行。据考证，扎达土林在距今约1100年前，是强盛一时的古格王国及其寺院的遗址。

地理风貌　　扎达土林位于扎达县，是一片著名的土林地貌风光区。土林是远古受造山运动影响，湖底沉积的地层长期受流水切割，并逐渐风化剥蚀，从而形成的特殊地貌。土林里的"树木"高低错落达数十米，千姿百态,别有情趣。在高而平的山脊之下,严整的山体有的宛若一字排开的罗汉,有的酷似鳞次栉比的城堡,与美国西部的科罗拉多大峡谷有异曲同工之处。在朝霞和夕阳的映照下,山纹明暗有致,色调金黄,生动富丽。扎达县城边的狮泉河和土林绚丽异常,构成一幅奇特而又美丽的风景画。

成因　　扎达土林成因于百万年的地质变迁。地质学家考证,100多万年前,扎达到普兰之间是个方圆500多公里的大湖,喜马拉雅造山运动使湖盆升高,水位递减,湖底沉积的地层长期受流水切割,露出水面的山岩经风雨长期侵蚀,终于雕琢成今日的模样。扎达土林在喜马拉雅山和冈底斯山两大山系之间,是一个面积广达7万平方公里的外流淡水湖盆,来自两大山区的河流,携带了大量砾卵石、细粉沙和黏土堆积于湖中。随着高原不断上升,湖盆相对下陷,在数百万年

▼ 扎达土林

间，湖盆中积累了夹有砾卵石层的棕黄、褐色或灰黄色的半胶结细粉沙层，具有类似黄土的直立不倒与大孔隙等性质，为以后风雨和流水雕琢成各种地貌造型提供了最基本的物质基础。在沟谷之间的悬崖上，雨水和细流沿垂直的裂隙或软弱带向下冲刷，形成板状或柱状土体，突出在崖头或崖壁上，犹如残墙断垣。有些板状或柱状土体被剥离开崖壁而成孤立的土柱、土塔，如此柱、塔丛生，便成为著名的土林。

托林寺

　　托林寺位于阿里地区扎达县境内，象泉河旁畔。托林寺，意为"飞翔寺"。寺周地势平坦，原多僧舍，现为民居。寺庙南以土山为屏，北临朗钦藏布，殿堂、佛塔、塔墙、僧舍如星散布，远眺气势非凡。托林寺始建于北宋时期的公元996年，由古格王国国王益西沃和佛经翻译大师仁钦桑布仿照前藏的桑耶寺设计建造。托林，意为飞翔空中永不坠落。由于古格王朝的大力兴佛，托林寺便逐渐成为当时的佛教中心。几百年来，托林寺虽然历经各种自然和人为破坏，但至今仍是殿宇林立，佛塔高耸。

建筑布局　　佛寺的建筑布局呈带形，包括殿堂、僧舍和塔林三部分。主要建筑有迦萨殿、白殿（尼姑殿）、佛塔、罗汉殿、弥勒佛殿、护法殿、集会殿（祖拉康殿）、色康殿、阿底峡传经殿以及转经房、拉让、僧舍等。主体建筑为迦萨殿，大殿分为内、外圈，内圈包括中心大殿和4座小殿，中心大殿呈四方形，供有主体坛城和如来佛像，四周有回廊与4座分殿相连。外圈包括16座殿堂，中间殿堂有转经道。外圈的四角还建有4座高13米的红砖塔。白殿位于集会殿的东北部，殿内墙壁上绘有许多精美的壁画。塔林分为两组，每组塔群中各有3条长塔，每条长

▲ 托林寺

塔由数十座或上百座形制相同的小塔串连而成，极为壮观。托林寺融合了印度、尼泊尔以及西藏本地的建筑风格，是研究当地建筑、雕塑、绘画艺术等方面的珍贵实物资料。

发展历史　　在藏族历史上，托林寺的地位举足轻重。著名的益西沃、阿底峡、仁钦桑布等人物的故事都以托林寺为背景展开，它凝结了印度、尼泊尔和拉达克的工匠的心血，也是三地的建筑和佛像风格的集大成者。完好时的托林寺由迦萨殿、白殿、十八罗汉殿、弥勒佛殿、护法神殿、阿底峡殿、仁钦桑布译师殿以及众多僧舍、佛塔林构成，规模宏大，而今已很难从遗存的断墙残塔窥见当初的规模格局了。古格王国开国之时，已确定尊崇佛教。当时的藏地佛教虽开始复兴但却仍然混乱。第二代古格王益西沃拨乱反正，兴建托林寺。其后请来的印度高僧阿底峡弘法，以此寺为驻锡地。阿底峡带动了西藏佛教的复兴，托林寺也因而逐渐成为当时的藏传佛教中心。据说，周围的废墟里，至今还有许多遗物。

班公湖

　　班公湖又称"措木昂拉红波"，藏语意为"长脖子天鹅"，是高原上的内陆湖，海拔4242米，有世界上海拔最高的鸟岛之称。班公湖位于阿里地区日土县城西北约12公里处，大部分位于我国西藏阿里地区日土县，小部分在印度克什米尔地区境内。它的奇特之处在于：湖水由东向西依次为淡水、半咸水、咸水。班公湖的面积为604平方公里，长150公里，平均宽度只有2～5公里，最窄处只有5米。湖中生长着大量的鱼类和水鸟，每当夏季就有数以万计的地中海中头鸥来此繁殖。

　　班公湖是自然界的一块净土，班公湖鸟岛是鸟的王国，岛上栖息着成千上万的黑颈鹤、棕头鸥、斑头雁、赤麻鸭、红头潜鸭等。班公湖是阿里高原乃至全西藏的一个著名旅游景点。班公湖鸟岛面积不大，岛上

▼ 班公湖

没有大树，只有一些低矮的灌木，沿岸还生长着一些叫不出名字的草科植物。小岛到处是石灰石碎块，遍地是鸟粪，有些地方已堆积了厚厚的一层，鸟羽毛更是处处可见。由于生态环境好，小岛遍地都是大鸟、小鸟、鸟蛋，岩石间、草丛中、湖面上、湖岸边，无处不有，成千上万的白鸟将整个小岛盖得严严实实。栖息在鸟岛上的鸟类以湖中的鱼类、水草等为食。每年春天来临，孟加拉湾的温暖气流吹入阿里高原，头年冬季从高原飞往南亚大陆避寒的鸟群，又飞回来，在这里产卵，繁殖后代。据当地牧人传说，湖中还有神龙和湖怪出没等迷人的神奇故事。

▼ 班公湖鸟岛

阿里地区其他主要景区（点）

东嘎皮央　　东嘎皮央是在1992年才被发现的石窟壁画遗址，位于扎达以北40公里处，是中国迄今发现的规模最大的佛教古窟遗址。东嘎是扎达县的一个靠山临水、只有十几户人家的小村庄，在古格王国遗址西北约40公里处。东嘎石窟散布在东嘎村北面断崖上，路上能看到山上密密麻麻的洞窟。现存洞穴接近200个，延绵2公里，俨如蜂巢。其中绘有精美壁画的几个窟洞，集中在东面一片呈"U"字形的山崖上。

雅鲁藏布江源头　　世界最高的大河——雅鲁藏布江是西藏第一大河。她像一条银色蛟龙，从海拔6000米以上的喜马拉雅山中段北坡发源，由西向东奔流于西藏高原南部著名的"藏南谷地"。经科学考察确认，从源头琪玛永荣大冰川（也称杰马央宗冰川或央恰藏布或大木确曲），至里孜渡口为上游，主源琪玛永荣曲在缓慢流至哈巴乡夏秋草场后与库比

▼雅鲁藏布江源头风光

大藏布江汇合至里孜渡口段，俗称"马泉河"，里孜以下始称雅鲁藏布江。雅鲁藏布江所流贯的地区，除了印度半岛在500米以下外，大都在海拔4500米左右，因此，她是世界上最高的大河。

特拉木坎力冰川　　特拉木坎力冰川被评为中国最美六大冰川之一。特拉木坎力冰川位于喀喇昆仑山脉的特拉木坎力峰（海拔7441米）下，冰川长28公里多，面积为124.53平方公里，冰川末端高度为4520米，冰川雪线高度为5390米。冰川冰净储量换算成水量可达22.758亿立方米，是一座名副其实的"固体水塔"。

狮泉河　　狮泉河又名"森格藏布"，系印度河的上游。西流在扎西岗附近与噶尔藏布汇合后，向西北流出国境后，称"印度河"。阿里地区行署所在地狮泉河镇也由此得名。狮泉河流经藏西北干旱高寒区，在中国境内河长430公里，流域面积2.745万平方公里，年径流量约7亿立方米。狮泉河发源于冈仁波齐峰北侧，源头海拔5164米，为冰缘地带，下游流入荒漠区。河水温度低，年平均水温3℃，河流结冰期长，一般于

▼ 特拉木坎力冰川

298

▲ 狮泉河

10月底出现岸冰，至翌年4月的中下旬才完全消融，其中12月至翌年2月河流还出现封冻现象。狮泉河是淡水稀少的高原腹地的宝贵水源。

拉昂措　　拉昂措被称为"鬼湖"，与圣湖玛旁雍措一堤之隔，两湖之间的地带是进出普兰县的必经之路。据说鬼湖是无风三尺浪。其实这里的景色非常美丽，湖边暗红色的小山，颜色迷离。卵石滩像一条白亮亮的银带，镶在湖边。湖里还有一个小岛，是暗红色。在拉昂措湖畔，人常有一股奇怪的感觉在胸中升起：偌大的湖区见不到一人一畜，空旷得像是站在了宇宙边缘。据说玛旁雍措与拉昂措湖底相通，一边是淡水的圣湖，另一边却是咸水的鬼湖。可以说，拉昂措也是一引人入胜的景观。

日土岩画　　日土县境内的日木栋、鲁日朗卡、阿垄沟、康巴热久等十几处岩画不仅规模大、数量多，而且艺术价值也很高。这些岩画是用锐器在岩壁上刻凿而成，线条古朴，造型概括生动，色调简约而鲜明，内容主要表现高原古代的社会生活风貌，如狩猎、宗教祭礼、骑射、放

▲ 日土岩画

牧、农耕、舞蹈、战争等。岩画主要分布在班公湖南部和东面近二三百平方公里的区域内，最容易找到的岩画就在日土附近的新藏公路一带。

纳木那尼峰　　纳木那尼峰的藏语意为"圣母之山"或"神女峰"，位于普兰县境内，海拔7694米，是喜马拉雅山西段最高峰，也是喜马拉雅山的主要高峰之一。它就坐落在玛旁雍措旁边，隔湖与北面的冈仁波钦峰遥遥相对。纳木那尼峰方圆约200平方公里，主要有六条山脊。山脊线上有数十座6000米以上的山头，高低错落。西面的山脊成扇状由北向

▼ 纳木那尼峰

南排列，东面唯一的山脊被侵蚀成刃脊，十分
陡峭，形成了高差近2000米的峭壁。相比而
言，西面的坡度则较为缓和，峡谷中倾泻着五
条巨大的冰川，冰面上布满了冰裂缝和冰陡
崖。纳木那尼峰系由前寒武纪变质岩系组成的
孤立山峰，峰顶终年积雪。

科加寺　　科加在藏语中是"定居"的意思。科
加寺兴建的时代现在已难以考证。据说以前噶
尔一带的居民擅长铸造佛像。有一天，居民们
用马车运送一尊观音像，走到孔雀河边，马车
被石头卡住，怎么弄也无法继续前行，于是人
们就在车停之处建造了一座庙，取名科加寺。
科加寺规模很小，年久失修的佛殿，外表看上
去难免有点斑驳，但从另外一个角度来看，这
里却散发着一种古朴的味道。

▼ 科加寺

Traffic | 交通

　　新藏公路、国狮公路、安狮公路、拉普公路为阿里地区公路交通主干线，全地区辖7个县、30个区、106个乡，基本上通了汽车，通车里程达4150公里。从拉萨到阿里有两条道，北道1760公里，南道1190公里。因海拔较高，自然条件恶劣，道路时常因天气变化而中断，每年适宜行车的最好月份仅7、8两个月，交通相对不便。

航空

　　正在建设的阿里昆莎机场目前已经进入工程收尾阶段。据了解，阿里机场停机坪及跑道建设、气象雷达安装、空管设备调试均已完毕，候机楼也已进入装饰装修阶段，将于2010年7月正式通航。届时，游客去阿里旅游将变得更加便捷和舒适。

　　阿里昆莎机场将是继拉萨贡嘎机场、昌都邦达机场、林芝机场后又一重要进

▼ 建设中的阿里昆莎机场

出藏空中通道。阿里昆莎机场飞行区等级为4D，按满足A319、B737等具有高原运行性能的飞机起降标准设计，新建一条长4500米、宽45米的跑道，航站楼面积3500平方米，停机坪按2架C类和2架D类飞机自滑进出设计，同时配套建设通信导航、气象、供电、供油、给排水、消防救援等辅助生产设施。

公路

▼ 拉萨到阿里的路上

阿里地区交通条件有限，去阿里旅游的路线选择主要受公路和天气的影响。一是从拉萨出发，经日喀则、拉孜、昂仁乌攸木拉山口、玛旁雍措、冈底斯山到狮泉河。也可在昂仁折向北，经措勒、洞措后，上阿昌公路，然后沿阿昌公路去狮泉河。二是从那曲（或安多）出发沿阿昌公路到狮泉河。

另外，也可沿新藏公路从新疆进入，南亚的游客多从普兰口岸或边境山口进入阿里。新藏公路自新疆西南部的叶城县，向南途经库车、麻丸、红柳滩、界山大坂，到阿里地区的噶尔。由于阿里路况比较差，因而，在包车时要注意选择性能比较好的越野车。

市内交通

阿里地区行署所在地狮泉河镇比较小，全镇目前只有一个有红绿灯十字路口，乘坐出租车还是比较方便的。但如果到郊区，一般都要选择包车。

Lodging 住宿

　　西藏阿里的住宿条件不尽如人意，除狮泉河镇以外，阿里的其余地方较难找到洗澡设施。

狮泉河饭店

　　狮泉河饭店1984年7月动工，1985年9月建成投入使用。整个饭店的设计与布局，以江苏徐州淮海饭店的基本构图为蓝本，参考了西藏的建筑风格，精心设计、建造，总建筑面积为6863平方米。饭店内设客房、餐厅、会议室、娱乐室和其他配套设施，门类齐全、设施完备。饭店有250张床位的接待能力，可一次接待300人的会议，提供8个分组会议室，是阿里首家集食宿、餐饮、娱乐为一体的综合服务场所和旅游涉外饭店。

阿里大酒店

　　阿里大酒店位于十字路口东南角，房间比较干净，房间全设于二、三楼，爬楼梯可能会令人感到不适（阿里海拔高，即使爬二、三楼也会因高原反应而气喘吁吁）。但酒店位于市中心，外出时很方便，治安情况还不错。

其他饭店（宾馆）

除了上述饭店（宾馆）以外，阿里地区还有沙南旅馆、迎宾馆、电信宾馆等。这些饭店（宾馆）的条件都无法和内地以及西藏其他地区媲美，游客应有心理准备。另外，诸如古格等地，扎不让村有几家家庭旅馆可供住宿，包食宿，但由于刚开始做旅游开发，管理还很不完善，有时候要自己动手做饭。

TIPS 温馨小贴士

藏族的敬语与称谓

藏族非常注意使用敬语，这种风气流行于整个西藏，每句话都有三种讲法：一是普通话；二是敬语；三是最敬语。无论名词、动词、形容词都是这样。地位相同的人相互用敬语，地位低的人对地位高的人也用敬语，对地位悬殊的人用最敬语。不会敬语的人被认为缺少教养，而敬语用错了，便会闹出笑话。藏族人非常重视称谓，称谓不准确，往往被认为不懂礼貌。在对方名字后面加一个"拉"字，表示尊敬。例如，称格桑为"格桑拉"，扎西为"扎西拉"；教师称为"格拉"，厨师称为"玛青拉"等等。

Food | 美食

在阿里用餐很贵，一碗面条价格在10元左右，这么偏僻的地方似乎不出奇，但还是令某些旅行者吃惊。在阿里地区也有几种当地美味小吃可供游客品尝。

吐巴

吐巴类似于内地的饺子，外形酷似面团。有些吐巴里会包有石子、辣椒、木炭、毛线等。每一样都有特定的含义，石子表示在新的一年里心肠硬，毛线表示心肠软，木炭表示心肠黑，辣椒表示嘴如刀。这是一种饮食娱乐，无论谁吃到什么，都必须即席吐出，于是在哄堂大笑中，节日的气氛也就愈热闹起来。

吐巴 ▶

帕杂莫古

　　将面粉加温水捏成小圆面疙瘩，放进沸水锅里煮熟捞出沥干，然后放进另一加热的酥油锅内，同时加适量的红糖和碎奶渣，慢慢搅拌均匀即成。这道食品颜色微红，味酸甜，是藏族节假日必备食品。

久玛

　　久玛即"血肠"。将刚宰杀的牛、羊的血加入糌粑和盐、野葱等佐料，搅拌均匀后再灌入洗干净的牛、羊肠子里，放进锅里用水煮熟即可食用。食用时，血肠不碎、不脱皮、不掉渣，软嫩清香，不腻不柴。

甲不热

　　甲不热是将没有炒过的青稞晒干，再用石磨磨得细细的，掺入提炼酥油、奶渣后剩下的酸水，搅拌均匀，揉合成饼状，用火烤一会儿，再在上面放上白糖、酥油，继续烤熟即可。

Shopping ｜购物

阿里地区的工艺品种类丰富、别具一格，比如普兰氆氇和牦牛骨饰品。此外，阿里也是一个重要的对外贸易口岸，阿里的对外经贸活动主要集中在普兰县的唐嘎国际市场。普兰位于阿里地区的南部，由于这里地理位置的特殊性，边贸活动由来已久，据记载，普兰县民间边境贸易已有500多年的历史。

普兰国际市场

普兰县城位于纳木那尼雪峰和阿比峰之间的孔雀河（马甲藏布）谷地，与尼泊尔、印度相邻，是阿里之围中"雪山环绕的地方"。普兰县城海拔3900米，是全县海拔最低的地方。唐嘎国际市场设立在孔雀河西北面的一个叫达拉喀山的山坡上，山脚下有许多洞穴，据说这里曾是数百年来到此经商的印度、尼泊尔边民的住所。由于尼泊尔边民更多的缘故，这里被民间戏称为"尼泊尔大厦"。唐嘎市场主要是印度、尼泊尔商人和极少数当地藏民的经商场所。市场距普兰海关、边检、卫检、商检、动物检疫的联检大楼2公里远，之间隔有孔雀河。通向唐嘎市场有两座吊桥，在靠近旧城的桥头区，也自然形成了一个市场，称为"桥

唐嘎市场
商品

头市场"，主要是内地小商小贩和少部分尼泊尔边民在这里经商。

20世纪50年代末期，中国政府正式批准设立"国际市场"，这里成了西藏自治区重要的对外通商口岸。1995年，国务院又批准在阿里设立二级口岸。普兰县成立了口岸办公室，对口岸市场进行了修葺，建设了3000平方米的新市场。印度、尼泊尔商户主要经营布匹、呢子、床单、红糖、法国香水、印度香水、头油、化妆品、首饰等商品。有的印商、尼商还用红糖、百货换取当地群众的羊毛等物品。

狮泉河镇小商品市场

阿里地区行署所在地狮泉河镇面积不大，只有两条主要街道交汇成大十字，而城中的大部分商铺也集中于这里，物资多为外运，品种较为丰富，但价格比较贵。西藏的特产如氆氇、青稞酒、普兰木碗等还是随处可见的。狮泉河南岸的贸易市场有各种藏药和动物皮毛出售，游客如去那里，应认真辨别其真假，小心选购。

普兰氆氇

　　普兰氆氇是雪域高原特有的羊毛织品，主要做曲巴（藏袍）、帮典（围裙）、毛毯等。藏地农区的气候较之藏北草原温暖。过去城镇和农村的人们除在严寒的冬季身裹羊羔皮袍和羊皮袄外，其他季节都身着氆氇袍。氆氇袍不似羊皮袍臃肿，便于劳作，又能遮风御寒，成了农人的平常着装。在农区，氆氇大都是自产自用，穿氆氇袍的几乎都是农牧民。

牦牛骨饰品

　　牦牛骨饰品的成因与早期阿里人民的自然崇拜和灵性崇拜的演化有关联，可以看出已有崇信意识和审美意识，配带在身，不但装扮了自己，也是吉祥或避邪之物，充分体现了人类本能的爱美之心。阿里人民用他们灵巧的双手，通过高原特有的牦牛骨打磨出他们祖祖辈辈的图腾崇拜——藏饰，外表粗犷，却有精致的内涵。牦牛骨作为一种独特的装饰品，原始自然，粗犷豪放，给佩戴者增添一种野性的魅力。

牦牛骨饰品 ▶

阿里人民勤劳朴实、能歌善舞，在恶劣的自然环境下创造出多彩的文化。著名的民间娱乐项目有噶尔恰青、普兰藏戏以及寺庙喇嘛组织的跳神。

噶尔恰青

阿里地区噶尔恰青最初在每年藏历七月十二日开始，藏历七月十六日结束。后来在恰青期间印度商人和拉达克商人蜂拥而来。随着进行双边贸易的人数逐年增多，官方为了便于集中管理，以后恰青的时间改为藏历八月一日开始，藏历八月八日正式结束。藏历八月一日参加恰青的四宗宗本、六如如本（宗本、如本为西藏旧制官名），各地参加的选手，观看节目的附近农牧民群众和各地商人，到达噶尔亚萨，并选址搭帐篷。这时的噶尔亚萨草原绿草如茵、野花遍野，往日里严酷的寒冷多风气候此时变得格外温和宜人。这期间可以说是噶尔亚萨的黄金季节，处处呈现一派祥和欢快的节日景象。

藏历每年八月初进行跑马训练，参加恰青的配弓箭囊和战马的选手参加比赛前的训练，有的选手还配备枪矛。恰青活动中除了有传统的赛马比赛以外，还有射箭比赛，涉及双边贸易的公务会议、宴会。节日最

后一天晚上还会举行篝火晚会，在人们颂扬神灵的高呼声中这一年的噶尔恰青正式圆满结束。

▲ 恰青

普兰藏戏

以前一些宗本等达官贵族从拉萨、后藏等带来的随从中有些会唱藏戏，他们有的定居阿里地区普兰县，于是在此流传藏戏，属卫藏藏戏，表演形式以歌唱为主，以大鼓和铙、钹伴奏，对白较少。曲调高昂豪迈，舞蹈节奏刚健优美。唱词大都是应和曲体，即一人领唱，集体应和。角色有旦、末、净、丑等。面部化妆，不带面具，可画脸谱。男演员身着长袍，腰间束带，女演员穿藏裙。演出场地多为草滩，没有舞台布景，观众四周围观，演员在中心表演。表演过程分为"颂"、"雄"、"扎西"三段。"颂"为开场白，向神祈祷和向观众祝福，有时介绍一下正戏内容；"雄"即演出正戏；"扎西"为戏终时的祝福，是一种近乎宗教仪式的表演。演员表演时有歌、有舞、有道白，歌唱时无乐器伴奏。鼓、钹击节指挥演员在舞台上唱、做、念、舞。演出少则1天，多则六七天。每年藏历七月农业丰收时为演出季节，多在科加寺、协培林寺等演出。

跳神

跳神是在藏区各地喇嘛寺举行法会庆典时，由喇嘛僧侣表演的一种宗教仪式舞蹈。这种舞有单人舞、双人舞和集体舞三种形式。跳舞时带假面具，穿长袍，佩彩带和刀盾。伴奏的乐器有舞钹、牛角号、唢呐等。

其他娱乐

阿里首府狮泉河镇虽说是边陲小镇，市镇规模不大，但它仍是西藏西部的交通枢纽和边贸中心，流动人口很多。两条主要街道交汇成大十字，聚集了一些夜总会、娱乐城、录像馆和桌球厅等娱乐场所，只不过其条件和设备是无法和内地相比的，更何况狮泉河镇上有一些单位白天是没有电力供应的。在阿里地区几乎没有现代娱乐设施，只在县城才有一些简易的卡拉OK厅。但沿途所经草原往往能见到牧民边放牧边放声高歌或跳锅庄舞，游客可参与同乐。每年的8、9月到阿里肯定会遇到成群结队过林卡的人们，有藏族老乡，也有各单位组织的。大家在草原上喝酒吃肉、唱歌跳舞，享受寒冷的阿里高原最暖和的季节，一般要玩好几天。

© 藏羚羊编委会 2010

图书在版编目（CIP）数据

让心灵触摸蓝天：大美西藏游 / 藏羚羊编委会编著. —大连：东北财经大学出版社，2010.7
（藏地物语书系）
ISBN 978 - 7 - 5654 - 0029 - 2

Ⅰ.让… Ⅱ.藏… Ⅲ.旅游指南-西藏 Ⅳ. K928.975

中国版本图书馆CIP数据核字（2010）第115510号

东北财经大学出版社出版
（大连市黑石礁尖山街217号 邮政编码 116025）
教学支持：（0411）84710309
营销部：（0411）84710711
总编室：（0411）84710523
网 址：http://www.dufep.cn
读者信箱：dufep @ dufe.edu.cn

大连图腾彩色印刷有限公司印刷 东北财经大学出版社发行

幅面尺寸：148mm×220mm 字数：215千字 印张：9 7/8
2010年7月第1版 2010年7月第1次印刷

责任编辑：孙 平 责任校对：贺 鑫
封面设计：赵 聪 版式设计：赵 聪

ISBN 978 - 7 - 5654 - 0029 - 2
定价：48.00元